新编中等职业教育
旅游类专业系列教材

旅游心理学

（第2版）

主　编　彭晓风

副主编　汪瑞军　谢　青　刘　强

重庆大学出版社

内容提要

本书从全新的角度，紧密结合中职旅游教育的特点，阐述了旅游心理学的理论、方法及其在实践中的运用。全书共分5章。第1章旅游与心理学，主要介绍心理学的基本理论与流派，以及旅游心理研究成果在实践中的运用；第2章旅游决策心理，着重从旅游者购买行为或消费旅游产品，实际是旅游者决策的过程来探讨旅游者复杂的心理活动过程；第3章旅游消费心理，介绍了旅游者对吃、住、行、游、购、娱的消费心理，研究旅游者的个性差异和消费需求的多元化；第4章旅游服务心理，概要介绍了旅游业中的旅行社、旅游交通和饭店服务的心理因素；第5章旅游管理心理，阐述了经典和现代管理的理论，探讨常见问题的解决和管理。本书的体系科学合理，具有较强的实务指导性。本书可作为旅游饭店、旅行社专业的教材以及旅游企业和相关企业管理人员的培训教材。

图书在版编目(CIP)数据

旅游心理学/彭晓风主编.—2版.—重庆：重庆大学出版社，2015.1(2022.7重印)
新编中等职业教育旅游类专业系列教材
ISBN 978-7-5624-8498-1

Ⅰ.①旅… Ⅱ.①彭… Ⅲ.①旅游心理学—中等专业学校—教材 Ⅳ.①F590

中国版本图书馆CIP数据核字(2014)第204456号

新编中等职业教育旅游类专业系列教材
旅游心理学
(第2版)
主 编 彭晓风
副主编 汪瑞军 谢 青 刘 强
责任编辑：顾丽萍 版式设计：顾丽萍
责任校对：关德强 责任印制：张 策
*
重庆大学出版社出版发行
出版人：饶帮华
社址：重庆市沙坪坝区大学城西路21号
邮编：401331
电话：(023) 88617190 88617185(中小学)
传真：(023) 88617186 88617166
网址：http://www.cqup.com.cn
邮箱：fxk@cqup.com.cn(营销中心)
全国新华书店经销
POD：重庆新生代彩印技术有限公司
*
开本：720mm×960mm 1/16 印张：11.25 字数：202千
2015年1月第2版 2022年7月第6次印刷
ISBN 978-7-5624-8498-1 定价：33.00元

BIANWEIHUI

编委会

XU

序

随着现代经济的发展，旅游业已成为全球经济中发展势头最强劲和规模最大的产业之一。在1996—2006年的10年时间里，全世界旅游业保持着良好的发展态势，国际旅游接待人数与国际旅游收入的年均增长率分别为4.6%，6.1%。2006年全球接待国际游客总数达到8.42亿人，同比增长4.5%。全球旅游业的发展达到了一个前所未有的高度。根据世界旅游组织预测，从现在起到2020年，全球国际旅游人数年增长率可望保持在4%的水平，旅游业发展前景将继续展现出良好发展态势。

在中国，旅游业已成为经济发展的支柱性产业之一。自1996年以来，中国旅游业的增幅保持在10%左右，高于全球增幅3~5个百分点，在国民经济中占有一席之地。据预测，到2015年，中国旅游业增加值可达2万亿元，约占GDP的4.8%；旅游业约占服务业增加值的11%；旅游直接与间接就业总量将达1亿人左右。根据中国旅游业快速发展的态势，世界旅游组织预测，中国将成为世界第一旅游大国的时间，已由2020年提前到2015年。

在全球旅游业快速发展的推动下，在中国旅游业强劲发展势头的带动下，在国家大力发展职业教育的号召下，旅游职业教育的提升与更新亦呼之欲出，尤其在中国旅游业迎来了行业发展的提升期之际，由拥有良好旅游资源的中西部地区的旅游职业学校共同推出的这套系列教材，无疑将对中国旅游职业教育的发展和旅游人才的培养产生深远的意义。

该套教材坚持以就业为导向、以人的全面发展为中心，既注重了内容的实用性和方法的可操作性，又对教学资源进行了立体化开发，使教与学更加灵活，体现了旅游业发展的实际要求，是一套理论与实际相结合的旅游专业教材，也是旅游工作者的重要参考书。

值此套教材出版之际，欣然为之作序。

2013年2月

DIERBANQIANYAN

第2版前言

旅游心理学是研究旅游活动中人的心理活动及其行为规律的一门学科，对于提高旅游服务质量和改善旅游企业的经营管理具有极其重要的作用。随着旅游经济的发展，旅游心理学越来越受到社会的重视，被旅游业界视为旅游从业人员的必修课。

本书自2008年出版以来，深受广大师生的好评，被各地中职学校广泛采用。几年来，我们在广泛搜集各地教师使用建议的基础上，结合旅游事业新的发展需要，对原书作了全面的修订。

新版教材保持了原教材的特点，补充了旅游心理学的最新理论研究成果和旅游行业发展的新动态，更加注重旅游心理学理论的探索与旅游实际相结合，更新和增加了部分图、表、知识链接，力求更好地呈现教学内容。

本次修订由湖北省旅游学校彭晓风担任主编，负责前言编写和全书的统稿、定稿工作。湖北省旅游学校汪瑞军、云南旅游职业学院谢青、湖北省旅游学校刘强任副主编，博州中等职业技术学校宋欣参与编写。具体编写分工如下：谢青（第1章），刘强（第2章），汪瑞军（第3章、第4章1,2,3,5,7,8,9节），宋欣（第4章4,6节），彭晓风（第5章）。

本书再版得到了各兄弟院校及一些旅游组织和单位的支持和帮助，参阅了已出版的有关文献资料，同时得到了重庆大学出版社的大力支持，在此一并致谢。

尽管我们在《旅游心理学》教材的特色建设方面已经作出了很大的努力，但因为编者水平有限，书中错漏之处在所难免，恳请各相关院校老师和读者在使用本教材的过程中提出宝贵意见，帮助我们改正其中的疏漏和不当之处。

编　者

2014年5月

MULU

目录

第1章 旅游与心理学

【本章导读】

通过本章的学习，了解心理学的基本理论与流派，弄清旅游业与心理学的关系，并重点掌握旅游心理学的研究对象、研究任务及研究意义。

【关键词汇】

心理学　旅游心理学　研究对象　研究任务　研究意义

问题导入：为什么售票员不同的请求方式所产生的结果不一样呢？

在某城市的某一路公共汽车上，一位优秀售票员请别人给抱小孩的人让座有一个非常成功的绝招。她先将抱小孩的人引到一位坐着的年轻小伙或姑娘面前，引导孩子先说："谢谢叔叔"或"谢谢阿姨"，紧接着再说："请您给这位抱孩子的让个座，唉，谢谢。"研究者跟踪观察售票员请人让座的方式，结果发现这位售票员的方式竟然屡试不爽。而另一些售票员看到抱小孩的人上车后也同情地大声喊："请哪位给抱小孩的让个座！"可真正得到让座的机会却不多。

为什么两种请求方式的效果如此大相径庭呢？在生活中，当别人对我们做出一个友好的行动，对我们表示接纳和支持，我们也往往会感到"应该"对别人报以相应"友好"的回答。这种"应该"的意识会使我们产生一种心理压力，迫使我们对别人也表示相应的接纳行动。否则，我们的行为就是不合理、不适当的，就会妨碍自己以某种观念为基础的心理平衡。如上述让座的例子，当人们接受了一声别人诚恳的"谢谢"时，心里就会产生一种心理压力，尤其这种压力是来自天真无邪的孩子，于是人们通常会很情愿地作出让座的回报。

这种心理规律同样也会屡屡发生在旅游活动中，尤其是发生在旅游者与旅游服务人员的交往活动中。有时，旅游服务人员如果不懂得这种人际交往的游戏法则，以自我为中心或以自我的工作为中心，忽略客人的心理感受，那么往往就会导致旅游服务的失败，其结果是自己说破了嘴，对方也不买账。相反，如果旅游服务人员懂得这样的人际交往规则，那么通常就能达到双赢的结果。

在旅游服务过程中，旅游服务的目的就是要以真诚而恰如其分，热情而不打扰的服务来吸引客人，服务客人，这就需要我们学习探讨一些旅游心理学的知识。

心理学家弗洛姆认为，在现实生活中，每个人都有其自己的心理学，人人都是自己的心理学家，只不过有的人是较"好"的心理学家，有的人是较"差"的心理学家。为了做一个"好"的心理学家，我们就应该尽可能地去了解、学习各种各样的心理学理论，以便把它们有机地结合到具体的旅游实践中去。

1.1 心理学的基本理论与流派

1.1.1 心理学的基本理论概述

1)心理现象

心理学是一门渊源数千载而历史仅百余年的学科，它是研究人的心理现象及其规律的科学。早在2000多年前，我国古代和古希腊的哲学家、思想家们就开始关注并研究心理现象，但是，他们的心理学思想一般都是渗透在哲学当中，并没有形成单独的系统化理论。直到1879年，德国的生理学家、心理学家冯特在莱比锡大学创建了世界上第一个心理学实验室，并用自然科学的实验方法，主持开展了对感觉、知觉、情感、联想等问题的系统研究，至此，心理学才作为一门独立的科学，从哲学中正式脱离出来。

心理现象是纷繁复杂的，而心理学研究的心理现象一般包含心理过程和个性心理两方面。

(1)心理过程

心理过程是指人对客观事物不同方面及相互关系的反映过程，它是心理现象的动态形式，包括认识过程、情感过程和意志过程。

认识过程是人的最基本的心理过程，是人从感性认识上升到理性认识的发展过程，它包括感觉、知觉、记忆、思维和想象。其中核心是思维。

在现实生活中，每个人总要与周围的环境相互作用，当周围环境中的种种事物作用于我们的感觉器官，我们便看到了它们的颜色、形状、大小及亮度，听到各种声音，嗅到各种气味，尝到各种味道，这就是我们认识过程中最基础、最简单的心理反应活动——感觉。在感觉的基础上，我们能够进一步辨认出这是盛开的玫瑰花，那是轰鸣转动的机器声，这是樱花，那是小鸟在歌唱，等等，这就是知觉。

感觉和知觉往往紧密地联系在一起,不能截然分开,统称为感知觉。人们感知过、经历过的事物能够在头脑中留下痕迹,在一定条件下能够再度想起,这就是记忆。例如:游览了北京的八达岭以后,长城的雄伟、壮丽就会在大脑中留下深刻的印象。人们不仅能直接地感知事物的表面特征,还能间接地、概括地反映事物的内在的、本质的特征,把握事物的规律,这就是思维,它是认识过程中的核心,被恩格斯称之为“地球上最美丽的花朵”。例如:人们见月晕而知有风,由础润而知有雨。在过去经验的基础上,人们还能创造出事物的新形象。如:艺术家创造典型形象,我们在头脑中勾画南极风光的画面,等等,这就是想象。

人们在认识客观世界的过程中,往往并不会是无动于衷、呆板冷漠的,而总是表现出这样那样不同的态度、体验,产生喜、怒、哀、乐、爱、恶、惧等情感或情绪。例如:我们可能会特别地喜欢某一个人,或者也会特别讨厌一个人;面对不幸,我们会特别悲伤,面对好消息,我们会心情愉快,这就是情感过程。

人在认识事物的过程中,通常会遇到不利的条件,产生某些困难,但人能够自觉地想办法去克服困难。为了认识和改造世界,人总是主动地确定目标、制订计划,并坚持不懈地去战胜困难,以达到预期的目的。这种心理活动的过程则是意志过程。意志是人的意识能动性的集中表现。

认识、情感和意志过程是相互联系、相互统一的整体,我们将它们称为心理过程。心理过程是人心理活动的一个方面,也是心理学要研究的最基础的一个部分。

(2)个性心理

在一个人的心理发展过程中,受遗传因素、教育、社会关系、生活经验的影响,各种心理要素最终整合成一个总的精神面貌,心理学称之为个性。个性是一个人在物质活动和交往活动中形成并表现出来的比较稳定的具有社会意义的带有倾向性的各种心理特征的总和。它不是一出生就有,而是一个人的心理水平发展到一定程度以后形成的。它包括个性倾向性、自我意识和个性心理特征 3 个方面。

个性倾向性包括需要、兴趣、志向、信念、世界观等心理成分。它们是推动个性发展的动力因素,决定着一个人活动的倾向性和积极性,集中地表现了个性的社会实质。在个性的诸多成分中,需要是基础,对其他成分起着调节、支配的作用;信念、世界观居于最高层次,决定着一个人总的思想倾向。所以个性倾向性使人的个性表现出一定的社会倾向性。

自我意识是人特有的心理,它表现为人能清醒地觉察到所反映的对象,并能调节和控制自己的行为,人不仅能觉察自己所反映的外部对象,还能觉察自己内心的活动,觉察自身的特点。它是人的心理能动作用的体现。

个性心理特征系统是个性的个别性的集中体现,包括能力、气质和性格,体现着人的心理的鲜明差异性。例如,有的人开朗外向,有的人内向安静,有的人粗枝大叶,有的人细心踏实。

人的心理过程和个性心理是紧密相联的,人的个性是在各种心理活动的过程中形成和发展起来的,并体现在具体的心理活动中。反之,已经形成的个性心理又制约着人的心理过程。如能力、性格都直接影响着人们认识事物的效率和深度。总之,人的心理过程和个性心理是人整个完整的心理活动中不可分割的两个方面,它们的关系及内容如图1.1所示。

- 心理活动
  - 心理过程
    - 认识过程:感觉、知觉、记忆、思维、想象
    - 情感过程
    - 意志过程
  - 个性心理
    - 个性倾向性:需要、动机、兴趣、志向、世界观
    - 自我意识:自我认识、自我体验、自我监控
    - 个性心理特征:能力、气质、性格

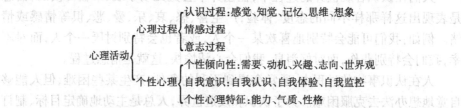

图1.1　人的心理过程和个性心理的关系及内容简略图

【相关链接1.1】

心理既然是脑的机能,那研究它的科学为什么不叫"脑理学"而叫"心理学"呢?

"心理学"这一概念确实名不副实,在我们国家,人们之所以不称其为"脑理学"而叫"心理学",大概主要有两个方面的原因:一方面,对一般老百姓来说,古时候的人们认为心脏是心理活动的器官,比如人们紧张或恐惧的时候就会觉得"心怦怦跳";另一方面,我国古代的哲学家们把精神、意识之类的东西称为"心灵"现象,并认为"心为思之官",所以一直把研究心灵、灵魂、思维的学问称为心理学。

2)人的心理实质

人的心理活动究竟是怎样产生的?它有哪些基本的性质?科学心理学是如何认识这些问题的?这是一连串至关重要而又极为复杂的问题。随着科学的发展,人们正在越来越多地认识人脑这个"黑匣子"。大量的科学研究已经表明:心理是人脑的机能,是客观现实在人头脑中主观的能动反映。

(1)心理是人脑的机能

现代科学表明,脑是心理的器官,心理是脑的机能。在整个生物圈中,人类本来是一个很平凡的物种,其许多生理系统的结构特征和功能远不如大多数动物。如:人的嗅觉不如狗,视觉不如狼,跑不如梅花鹿,体力不如大象……但是,

人类却成为了地球的主宰者。这种优势的获得，得益于人有一个高度发达的特化器——大脑。

人的心理活动和人脑的活动密不可分。如果人脑受损伤，那么人的正常心理活动就将受到严重的破坏。例如：因外伤损害了大脑的听觉区和视觉区，就会出现一个人尽管耳目外形完好，可是却完全失聪或失明的现象。日常生活中，有的病患者由于某种疾病变成了植物人，虽有生命的体征，却没有了人的心理活动，这是因为疾病损伤了人的大脑。醉酒者容易胡说八道，失去自控甚至昏迷不醒，这都是因为酒精影响了大脑，使大脑失去了正常功能，以致不能控制机体的活动。可见，心理是人脑的机能，脑是人心理活动的器官。

【相关链接 1.2】

1920 年，在印度，人们发现了两个由狼养大的孩子。小的起名叫阿玛拉，约两岁，第二年就死了。大的起名叫卡玛拉，回到人类社会时已 8 岁，不会说话，用四肢行走，白天蜷伏，夜间潜行，不吃素食，不穿衣服，也不吃熟食，只吃生食，如活鸡要连血带毛地吃，不会说话，只会嚎叫，而嗅觉特别灵敏。其智力只相当于 6 个月正常婴儿的智力，花了 10 年的时间，才恢复了几分“人性”，学会了直立行走，用手吃饭并学会了 45 个单词，但快跑时仍然四肢并用，到 17 岁临死时，她的智力也仅相当于 4 岁儿童的心理发展水平。

(2)心理是客观现实在人脑中的主观能动反映

心理是人脑的机能，说明没有人脑就没有人的心理活动，那么是不是有了人脑就一定会产生心理活动呢？人脑是不会自发产生心理活动的，只有当客观现实作用到人脑时，人脑才会形成对客观现实的映象，产生心理。例如：现实中有花，我们头脑中才会有花，当我们看到了花，也才会产生花的映象。客观现实是指在人的心理之外独立存在的一切事物，它们构成了人类赖以生存的环境。环境既有自然环境，也有社会环境。在这两个现实源泉中，社会环境对人的心理影响最为重要。人的心理主要决定于人的社会存在，决定于人的社会物质条件。列宁早就指出：“物、世界、环境是不依赖我们而存在的。我们的感觉、我们的意识只是外部世界的映象；不言而喻，没有被反映者，就不能有反映，被反映者是不依赖于反映者而存在的。”

人的心理是对客观现实的反映，但是这一反映总是由一定的人进行的，一定的反映者由于个人不同的经历、知识、观点，他们对同一事物的反映会得出不同的结果，即使是同一个人，在不同时期、不同场合、不同的心情下，其反映也会不相同，所以说，人的心理是客观现实的主观反映。另一方面，人对客观现实的反映不是消极被动的，而总是在实践活动中，按照个人已有的经验去理解眼前的事物,把眼前的事物与原有的经验进行接轨,而原有的经验就有可能会加速和帮助理解,也有可能会妨碍和拒绝理解。

所以,人对客观现实的反映是主观的、能动的,是仁者见仁,智者见智的。

1.1.2 心理学流派的基本原理

在现代心理学史上,涌现出了许多的流派,其中最著名、影响最大的是西方的现代心理学的三大流派,即弗洛伊德心理学的精神分析学、行为主义心理学和人本主义心理学。

1)精神分析学派

精神分析学派的创始人是奥地利的心理学家弗洛伊德。他注重研究导致人心理失常的病因。他认为人心理上的病态是由于人的本能冲动长期受到压抑的结果。在弗洛伊德看来,如果一个人觉得自己的某些冲动是严重违背"做人的原则"时,他就会使劲地压抑这些冲动。其结果是,虽然主观上意识不到这些冲动,并且可以心安理得地相信自己已经"没有"了这些冲动,但实际上这些冲动仍然存在,就像冰山下面潜进水里的部分,表面上看不到,但却在海水的下面暗流涌动。人的本能冲动也是这样,在主体意识不到的内心深处,沸水般地"沸腾"着。这种"冲动"与对"冲动压抑"的冲突,就是导致心理失常的原因。他还认为,人的这种被压抑的冲动,往往会"改头换面"地表现在他们的梦境中,表现在冲口而出的话语中。因此他认为,心理研究者应该深入地分析破译梦的"含义"。这些理论都表现在他的《释梦》及《日常生活的心理分析》两本著作中。

2)行为主义心理学

行为主义心理学的创始人是华生。他认为,心理、意识和灵魂一样,只是一种主观的东西,本身不可捉摸,不可以观察,也无法测量和证实,所以不能作为心理学研究的对象。心理学研究的只能是外显的行为,而人的行为实际上是对来自环境的种种刺激的"反应"。研究人的行为就是要在"刺激"和"反应"之间找出有规律性的联系。行为主义的继承人斯金纳认为,最主要的问题是,已经出现的行为为什么有的能够巩固下来,形成习惯,而有的却没有巩固下来,没有形成习惯。他以大量的实验证明,给予奖励,能够强化已经出现的行为。行为主义心理学重视研究并揭示人的一般规律,找出人的行为为什么有的可以不断地重复、巩固,而有的则不能巩固的根本原因。

3)人本主义心理学

人本主义心理学的创始人是美国的心理学家马斯洛,后来的继承者是罗杰斯,他们反对将人的心理低俗化、动物化。他们认为,人最本质也是最可贵的东西,不是人与动物所共有的那些"本能",而是那些动物所没有,只有人才有的"潜能",如爱的潜能,创造的潜能,都是"善"的,而不像弗洛伊德所说的本能那样是"恶"的。但是,人的这些潜能与人的动物本能相比要软弱得多,它们只有在良好的环境条件下,才能由"潜在的可能性"变为"现实";在恶劣的环境中,是很容易被摧残的。理想的社会就是能使人的潜能得到充分的发挥,使人的价值得到充分实现的社会。马斯洛把自我实现的需要放在人的需要层次的最高一层,而所谓"实现",就是指通过发挥人的潜能来实现人的价值。他在心理研究方面确定的基本原则之一是:"心理学应该关心人的尊严和人的提高"。

基本评价:三个心理学派各有各的道理。

对于人行为的动力因素方面,弗洛伊德和人本主义心理学比较重视"内因"的作用,即用心理因素来解释人的所作所为,但弗洛伊德强调人的心理因素主要是指"满足本能欲望"的冲动,而人本主义心理学家所强调的主要是"发挥人的潜能,实现人的价值"的冲动。

弗洛伊德认为,推动人们去做各种各样事情的"原动力"是满足那些人与动物所共有的本能欲望的冲动。人性是丑恶的,其潜意识里的种种欲望、冲突及见不得人的东西,总是想赤裸裸地涌出来,而社会却不允许人这么做,怎么办呢?弗洛伊德并不主张"放纵"自己,相反,他认为对人的本能冲动加以控制是完全必要的。如果人类放纵自己,则必然自取灭亡,但是一味地压抑人的本能冲动又会使人不愉快,而且还会导致人生病,甚至变态,所以也不行。他认为可取的办法既不是压抑,也不是放纵,而是"升华"。把一些潜意识里的"本我",升华到"超我"的局面,即把那些原来用于做坏事的心理能量用来做好事。而"人类的命运就取决于人类的文化能在何种程度上使人的本能冲动得到升华"。

人本主义者认为,人的本质是好的、善良的,他们不是受无意识欲望驱使,并为实现这些欲望挣扎的野兽。人是有自由意志,有自我实现需要的。只要有适当的环境,他们就会力争达到某些积极的社会目标。人本主义不仅主张了解人性,还主张改善环境以利于人性的充分发展,以期臻于自我实现的境界。

行为主义心理学家则比较重视"外因"的作用。他们认为,人是由环境"塑造"出来的,一个人向好的方向发展,还是向坏的方向发展,关键在于他所处的环境能够强化他的好的行为还是强化他的坏的行为。如果环境总是强化他的好的行为,他就向好的方向发展;如果环境总是强化他不好的行为,他就会向不好的方向发展。在斯金纳看来,如果一个人的行为总是得到好的强化,那么他就会向好的方向发展,就会出现一大批好人和一个好的社会。

启示:

心理学大师们的经典理论,对于我们认识人、了解人给予了极大的启示,我们学习旅游心理学,就是为了对人的行为施加影响。要想对人的行为施加影响,就要懂得人的行为通常受哪些因素影响,他们行为的动机是什么,行为的轨迹、规律有哪些。以上的心理学流派的理论对于我们了解旅游消费者的行为具有很重要的指导意义。如:现代人的生活、工作节奏越来越快,造成精神上的压力也越来越大,为此人们需要有一种良好的宣泄方式,旅游、休闲、度假成为首选的方式。同时,又以旅游、休闲、度假的方式作为实现自我,超越自我,寻求人与自然和谐统一的途径。而作为旅游企业,我们应该做的,就是怎样为旅游者提供一种良好的旅游环境,为提升旅游者的人文素质,为创造一种良好的社会文化环境作出贡献,并使旅游者感到身心愉悦。

1.2 旅游与心理学

1.2.1 旅游是在人们心理支配下的活动

第二次世界大战结束以来,尤其是20世纪50年代以来,旅游活动的规模日愈扩大,参加的人数越来越多。客观上说,经济的发达使人们不仅增加了收入,延长了闲暇时间,且交通和资讯的发达,都为人们外出旅游提供了方便。但为什么不是所有的人都在闲暇时间选择去旅游呢?为什么有的人在假期里宁愿选择在家里休息而不外出旅游?为什么有的人选择热点地区旅游,而有的人却另辟蹊径,热衷于一些冒险刺激的旅游活动呢?

马斯洛的需要层次理论告诉我们,人的有意识的主动性行为都来自于人们的需要,而由需要产生的不同动机也正是促使人们实施不同旅游行为的直接动力。每个人有不同的自我意识,也有不同的个性,其一举一动,无不与心理活动相联系。正如恩格斯所说:“决不能避免这种情况,推动人去活动的一切,都需要通过人的头脑,甚至吃喝也是由于通过头脑感觉到的饥渴引起的,并且是由于同样通过头脑感觉到的饱足而停止”。正是在不同的心理活动支配下,人们才有了不同的旅游地选择和具有了不同的旅游行为。

1.2.2　旅游消费受心理因素的制约和影响

旅游者的消费行为，就其发生来看，任何一次消费的基础都来自消费者的愿望，即首先在心里体会到消费的需要，购买的兴趣等。为了满足需要，在心理上要作出相应的准备。如在旅游之前，认知旅游的有关信息，了解旅游线路及其他产品的特性，乘坐什么样的交通工具，住什么级别的宾馆，吃什么标准的饭菜，等等。只有当旅游者自己认为某一旅游产品能够满足他的需要，他才会把愿望付诸于旅游的消费行为之中。在旅游过程中，通过对旅游产品的感觉、知觉，形成一定的旅游知觉，在消费过程中经过不断地体会，产生不同的态度，所有这一切都是在心理因素的影响下完成的，如图1.2所示。

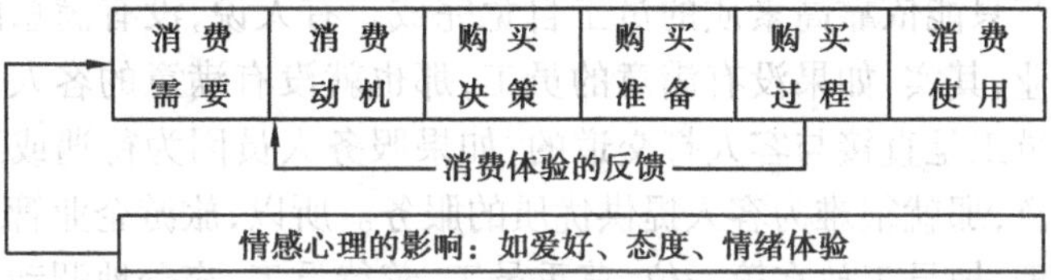

图1.2　旅游消费过程中的心理因素影响图

1.2.3　心理学指导并规范着旅游优质服务

旅游消费服务不同于一般的服务，它是旅游服务人员通过各种设施、设备、方法、手段、途径和“热情好客”的种种表现形式，在为旅客提供能够满足其生理和心理的物质和精神需要的过程中，创造一种和谐的气氛，产生一种精神上的心理效应，从而触动旅客的感情，唤起旅客心理上的共鸣，使旅客在享受服务的过程中，产生惬意、幸福之感，进而乐于交流，乐于消费的一种活动。可见，旅游服务是主客双方相互作用的一个动态过程，在这一过程中，以设施、设备、方法、手段、途径和热情好客为中介，表现人与人、人与物相结合的关系行为，追求的是人与人之间接触和交流产生的和谐气氛，目的是使游客产生惬意、幸福之感，促进旅游消费。

但是，怎样才能达到这个目的呢？各种旅游设施设备怎样才能使客人感到舒适呢？不同民族、不同国家、不同地区的人喜欢什么风格的房间设置？不同个性的人喜欢什么样的服务方式？什么样的设施设备结合什么样的服务模式才会使客人感到愉快、满足，有“宾至如归”之感呢？旅游服务是人与人直接打交道的活动,要通过主客双方的人际交流和沟通来实现,旅游服务人员的人际交流技巧与沟通质量的优劣直接影响着对客服务的质量。同时,对于旅游服务人员来说,除了交流技巧以外,其自身的服务意识、职业心理素质和个人修养对于服务活动是否具有浓厚的人情味是至关重要的。这些都需要心理学中的有关理论来进行科学的指导,也需要它来规范服务人员的服务行为。

1.2.4 旅游管理与心理

旅游企业的成败取决于它的管理和服务。旅游产品包括有形产品和无形产品两大类,其中,无形产品就是指旅游企业员工为旅游者提供的服务,它要靠旅游企业员工与旅游者进行交往来完成生产过程,这类产品有很大的不确定性,它的高质量生产只能依靠高素质的员工自觉完成。有人说,没有满意的客人就没有满意的企业,其实,如果没有满意的员工,那也就没有满意的客人。因为作为服务人员的员工是直接与客人打交道的,如果服务人员因为待遇或工作中的人际关系不满意,那就很难为客人提供优质的服务。所以,旅游企业管理者必须了解员工的心理,把员工放在第一位,尊重员工、善待员工,充分地调动员工的工作积极性,科学地使用员工,使员工愉快地、主动地、创造性地做好工作,这样才能使员工在旅游服务中处处尊重旅游者,永远把旅游者放在第一位,使旅游者成为真正的"上帝"。

1.3 旅游心理学的兴起

1.3.1 旅游心理学的产生与发展

1)旅游心理学产生的背景

旅游作为人类社会的一项特有活动古已有之,但是作为一项产业却是近代才有的事情。

在古代,旅游条件是非常艰苦的,交通不便,住宿简陋,旅游者为了政治、军事、宗教、经商等需要外出旅行,但是伴随旅途的并非轻松、惬意,而是要克服旅途上的种种艰险。所以,那时的旅游与其说是旅游,不如说是旅行。因为旅途中的种种艰难困苦使人根本不可能把自己的关注点指向旅游过程中的物质需求上，整个的行程，大多只剩下了“旅”，而观光、游览的“游”的成分就不多了。

到了近代，继英国的工业革命以后，随着经济和文化的发展，科技的进步，为旅游的发展提供了很大的便利条件，使越来越多的人有条件、有可能参加旅游活动。旅游人数的大量增加，促使了一种新行业的问世，那就是旅游业。

旅游业的性质决定了它从一产生的时候，就围绕着如何更好地为旅游者服务这一根本的问题展开自己的发展道路。从事这一行业的经营者、服务者总是通过招徕、接待旅游者，组织旅游活动，为旅游者提供吃、住、行、游、购、娱等方面的优质服务来获得盈利的。旅游者也因经营者为其提供了安全、方便、舒适、愉快的服务而获得生理和心理上的满足。因此，整个旅游消费过程实际上是人与人打交道的过程。人是有感情的，人的感情又赋予了旅游业极大的人情味，使从事这一行业的经营者深深意识到，在为客人提供各种不同服务时，有人情味的服务能够给客人带来多少的温暖，同时又能为企业带来多大的利润。它的工作对象是来自社会各界、各阶层的形形色色的人，他们具有不同的心理特点和个性，在相同或不同的场合中又有不同的心理需要，如果能够准确地把握客人的各种心理需要，把服务做到客人开口之前，那么这将会使客人多么的惊喜。因此，人们在实践中看到了心理因素在旅游工作中的重要作用，就开始积极地探索针对旅游者的心理搞好服务工作的种种措施。同时，旅游业本身的发展也迫切要求系统地、深入地研究旅游活动中各种复杂的心理现象，为提高旅游服务质量和培养优秀的旅游从业人员提供心理学依据。这样，旅游心理学应旅游实践的需要应运而生。

2）旅游心理学的产生和发展

旅游心理学产生于20世纪70年代末，最早散见于一些学者在报刊上发表的关于旅游中的心理学问题研究的文章。

1981，美国佛罗里达中心大学旅游研究所所长小爱德华·J. 梅奥和商业管理学院副院长兰斯·P. 贾维斯编著的《旅游心理学》一书出版。这本书第一次从行为科学的视角考察了旅游和旅游业，分析了不同旅游者的个性心理及消费心理。该书的出版，标志着旅游心理学的诞生。美国的旅游专家 Donald E. lundberg 著《Human Relation in Hospitality Industry》一书，从旅游工作者和旅游者的互动关系角度，揭示了旅游接待的人际关系的一些规律。日本学者也在旅游心理学领域开展了一系列的研究工作。

改革开放以后，我国学者在20世纪80年代中期开始了旅游心理学的研究工作。时至今日，正式出版的“旅游心理学”教材、专著已有数十种之多，这些教材在吸收、借鉴国外理论的同时，注意结合了中国的国情和我国旅游业的实际，为我国旅游心理学的发展奠定了基础。虽说旅游心理学从产生到现在不过 30 多年,介绍到中国就更短,只有 20 多年,还不是一个很成熟的学科,但是,目前对旅游心理学的研究已经深入到许多具体的问题上,并产生了一些新观点和新思想,较高水平的论著和论文不断问世。我国的旅游心理学界出现了一批诸如吴正平、屠如骥、甘朝有、齐善鸿、孙喜林等专家。旅游心理学虽然还称不上是一个很成熟的学科,但它却是一个充满生机、大有可为的学科领域。

1.3.2 旅游心理学的研究对象、任务与意义

1)旅游心理学的研究对象

旅游心理学的定义:旅游心理学是研究旅游活动中旅游者和旅游从业人员的各种心理现象及其规律的科学。

旅游活动的主体是人,其心理活动对旅游活动有着决定性的影响。故旅游心理学所关注的对象,必然是旅游活动中活生生的有思想、有行动的人,具体说来,旅游心理学主要的研究对象是两类人群。

(1)*旅游者*

旅游者的基本特点体现为空间上的流动性,时间上的长短交替性和成分上的复杂性,既有现实的旅游者,又有潜在的旅游者。他们是旅游活动的主体,也是旅游业主要的服务对象,其心理趋向和行为左右着旅游业的经营方式,也决定着旅游业的前途和命运。

(2)*旅游从业人员*

旅游心理学关注的另一类人群是旅游从业人员,他们担负着旅游行业的服务职能和经营职能,其心理趋向和行为决定着服务质量和经济效益,直接关系到旅游企业的生存和发展。

因此,旅游心理学的研究对象是旅游活动过程中人们的心理和行为及其规律,即研究旅游者的心理及消费行为,旅游从业人员的心理及服务行为和旅游服务、旅游管理中的心理问题。旅游心理学着重分析旅游者的心理行为,并依据旅游者的心理需求探索旅游服务各环节的心理规律和旅游管理中的问题,为搞好旅游服务工作提供心理依据。

2)研究任务

旅游心理学通过研究一定的旅游对象,完成一定的研究任务,这些任务具体如下:

(1)研究旅游者的心理

旅游心理学就是要运用心理学的分析方法和研究成果,着重去研究旅游者在旅游活动中消费心理的发生、发展及变化规律,使从事这一行业的工作人员能够很好地了解他们,熟悉他们,故研究旅游者消费心理的发生、发展及变化规律是旅游心理学的一个重要基础部分。

(2)研究旅游服务心理

为旅游者提供优质的服务是旅游业存在和发展的前提。旅游服务人员自身的素质直接关系到服务质量的好坏,因此,旅游心理学必须研究旅游服务人员的职业心理素质的培养和提高。此外,还必须研究旅游者在游览过程中,在前厅、客房、餐厅等场所的心理需求以及我们应该采取的服务对策,帮助旅游服务人员准确把握旅游者的心理,提供令旅游者满意的服务,满足他们的需要,使他们在整个旅游活动中获得最佳的感受。

(3)旅游企业的管理心理

旅游企业的管理心理是旅游心理学的一个重要组成部分。它主要研究两个方面的内容:第一是研究企业员工人力资源的发展和使用问题,目的在于有效地调动员工的积极性,使员工为企业作出更大的贡献;第二是研究企业的人际关系问题,目的是创造一个良好的工作环境,使员工能持久地保持极大的工作热情,充分发挥其主观能动性。作为旅游企业的管理者应该熟练掌握和运用旅游管理心理方面的知识,以提高旅游企业的管理水平。

3)旅游心理学的研究意义

(1)心理学为旅游事业的健康发展提供科学的依据

旅游业是因旅游者的旅游活动而产生,也必将因旅游者的存在而存在。旅游业是否兴旺发达,取决于旅游者的多少。只有最大限度地赢得旅游者的心,才能使旅游企业兴旺发达,而心理学正是研究人们心理行为规律的,它为发展旅游事业,招徕并留住更多的旅游者提供重要的心理依据。如它指导旅游企业了解旅游者的旅游需要、旅游动机、态度和个性等方面的心理特点,了解旅游者在旅游过程中各阶段的感知、记忆、思维、喜好,了解不同国家、不同民族、不同性别、年龄的人的心理特点,就能有的放矢地吸引旅游者,并提供更有针对性的服务,使旅游者能够“自觉、主动、兴高采烈地”花钱消费,为企业创造利润。

(2)有利于为旅游企业打造一支高素质的企业职工队伍

旅游业是人与人打交道的行业,服务质量的高低主要取决于旅游业职工的服务态度和技术水平。良好的服务态度是提高服务质量的思想基础,而高超的技术水平则是实现高质量服务的技术保证,而这一切都与人的心理素质有关,尤其是旅游服务人员的心理素质。而旅游心理学所揭示的心理规律对于调节和保持良好的服务态度都有重要的影响作用,因此掌握了这门学科的基础理论和知识,可以使员工既能正确地认识自己的服务对象,又能正确地认识自己、提升自己,从而准确把握工作对象的心理特点和差异,调整自己的心理对策。旅游事业的发展离不开人,无论从现实还是从长远来看,建设一支高质量的企业职工队伍已经显得刻不容缓,而旅游心理学在这方面恰恰具有重要的指导作用。

(3)有助于提高旅游企业的经营和管理水平

旅游资源、旅游产品的开发以及旅游设施设备的设置,需要旅游心理学对客人的心理需要及心理发展趋势作出客观合理的分析,从而为旅游业的经营管理提供理论上的指导。另外,在旅游企业的经营管理中,对人的管理无疑是旅游管理中最主要的内容之一。经常听到有人说:“让顾客满意是我们的服务宗旨。”客人满意当然重要。问题是,没有满意的员工,哪里会有满意的客人呢?企业里的员工大致有以下四种人:①又能干又爱干者;②能干但不爱干者;③不能干却爱干者;④既不能干也不爱干者。对于这四种人中的最后一种,省事又简单的做法就是,请他走人,但对于前三种人应如何对待呢?企业当然希望能干又爱干者能最大限度、最高效率地发挥自己的潜力,最大限度地提高第二种人的工作积极性,培训那些有着十足工作热情却能力稍嫌不足者。怎样才能让这几种人都能发挥潜力,扬长避短,这恰恰是旅游管理中的一个重要问题,旅游心理学同样能够在这些方面为企业的领导者们提供经营管理的有效对策。

本章小结

心理学是研究人的心理现象及其规律的科学,心理现象包括心理过程和个性心理。心理活动是人脑的机能,也是人脑对客观现实的反映,这种反映是能动的反映。在现代心理学史上,有著名的精神分析学派、行为主义学派和人本主义学派三大流派,分别在心理活动的动机等重大问题上进行了讨论,为旅游心理学的建设和完善奠定了理论基础。旅游心理学是心理学的研究成果在旅游实践活动中的具体运用,它对于旅游业怎样了解旅游者的心理特点,提供针对性的服务,怎样提高服务人员自身的素质以及怎样提高旅游从业人员的服务热情和工作积极性,如何对企业进行科学的管理等提供了重要的指导作用。旅游心理学对于旅游实践活动具有重大的指导意义。

复习思考题

1. 心理学研究的主要内容是什么？旅游心理学研究的对象又是什么？

2. 对研究旅游心理学影响较大的三大心理学流派是哪些？它们的代表人物是谁？主要思想是什么？

3. 旅游心理学的研究任务是什么？研究的意义又是什么？

实训题

如果请你设计一份居民的旅游消费调查表，在问卷中至少要涉及哪些问题？请具体列出来。

案例分析

①某市日报报道：某旅游城市两个旅行社的外联人员在争夺刚刚抵达码头的旅客时，互不相让，大打出手，直到警察赶到，经劝解方才罢手。而那些被外联人员“热情相邀”的旅客，早已吓着四散逃走，旅游兴致也荡然无存。

②美国人曾经为了开拓英国的旅游市场，对英国人进行了调查，问他们在决定访问美国时，他们考虑最主要的因素是什么？英国人毫不犹豫地回答“费用”。根据这些调查，美国人在英国展开了一场昂贵的广告宣传。广告说：“去美国旅游的费用，要比你们想象的便宜，一天花15美元，就能观赏美国。”按照这个推广计划，理应有成千上万的新游客去美国旅游，可是事与愿违，只去了数百名旅客，其中症结何在？美国旅游部决定对英国人的心理状态进行深层次的调查。最后发现，从表面上看，英国人认为费用是一个障碍，而他们真正害怕的是在美国可能看到的那些东西——高耸入云的摩天大楼、复杂的公路系统、令人毛骨悚然和没有个人感情的消费经济。更令人担忧的是，英国正步美国的后尘，休闲宁静正遭到破坏，几年或几十年后，英国将变成美国。在深知英国人的旅游心理后，美国改变了宣传的内容，大力宣传科罗拉多大峡谷、尼亚加拉大瀑布、黄石公园等自然风光，这种着眼于旅游心理的宣传吸引了众多的英国游客。

以上两个案例分别说明了什么问题？

第2章 旅游决策心理

【本章导读】

通过旅游决策心理相关内容的学习，了解旅游者的决策过程，弄清影响旅游者决策的相关因素，并从感知、需要、动机、态度、人格、学习与社会因素等方面阐述对旅游决策的影响。

【关键词汇】

决策过程　影响因素　旅游决策心理　感知觉　需要　动机　态度　人格　学习　社会因素

问题导入：为什么不同的旅游者选择不同的旅游目的地和旅游方式？

时间、金钱和动机等因素是现代旅游的基本约束条件。对于现代人来说，在金钱富余和时间充足的情况下，想要缓解日常生活压力，最佳的途径是选择旅游。但是不同的旅游者会选择不同的旅游目的地和旅游方式。

为什么会出现这种情况呢？影响他们作出不同的旅游决策的因素有哪些呢？

简单地说来，不同旅游者的想法不一样，导致行为必然出现差异。而旅游者各自不同的想法又主要是因为认知和理解不一致。其主要影响因素既有社会外在方面，也有个人内在因素。

心理和行为既受所属群体的影响，又受参照群体的影响。亲朋好友的旅游推荐会影响个人的旅游决策。在旅游活动中，很多情况下参照群体比所属群体拥有更大的影响力。从众是个人减轻社会压力，达成安全，并保证身心健康的重要手段。同时，社会支持已经使旅游成为现代人生活方式的重要组成部分，有机会和有条件而不去旅游，个人不仅会感受到外在的社会压力，而且会体验到内在的心理冲突。此外，旅游目的地、旅游广告宣传以及旅游咨询服务水平的差异是影响人们作出旅游决策的决定因素之一。任何一个旅游者都追求与自己的支出相适应的服务硬件和高水平的服务质量。

人的行为是个人特征与环境相互作用的产物。个性心理因素会影响人们认识与评价旅游环境以及所持有的决策标准，从而影响最终决策。旅游决策受决策者的性别、年龄、文化水平、职业、收入、年平均出游次数等人口统计学特征的制约。

2.1 旅游决策过程

旅游产品有别于社会工农业产品，其生产与销售具备自身特点。旅游产品的生产与供给方是旅游业，消费与需求方则是旅游者。旅游购买行为总是在一定的旅游决策下发生，就此而言，我们把旅游者看作旅游产品的购买决策者，旅游者购买（消费）旅游产品的过程，实际上就是进行旅游决策并实施的过程。

把旅游者视为一个决策者有利于我们理解旅游者的消费购买行为。当一个人（或称为潜在旅游者）准备外出旅游时，一定会作出一系列与旅游有关的决定。例如，选择什么样的旅游目的地（去北京还是来湖北）、选择何种旅游方式（参加旅行团还是朋友组合或个人独行）、选择何种交通工具（乘飞机还是坐火车）、在何处就餐与住宿（旅行社代办还是自己解决）、选择何种过程（走马观花还是缓行慢看）、花费多少（经济档次还是豪华规格），诸如此类一系列的问题需要旅游者对旅游活动中大量的信息进行取舍、决策，从而制订计划并付诸实施。旅游者在进行上述决定时，不仅受到个体心理因素（感知、需要、动机、态度、人格、情绪、气质、性格和学习等）的影响，还受其所处的社会文化环境（包含政治、经济、文化、家庭、团体、角色和社会地位等）的影响。在旅游者的决策过程中，始终都存在着复杂的心理活动，因此，旅游决策过程是一个复杂的心理活动过程。

在旅游服务工作中，不仅要了解旅游者一般的心理活动、心理过程、心理特征，同时也更要关注旅游者的行为。如果能够对旅游者的行为进行预测，预料到旅游者在决策时的基本行为反应，那么提供有针对性的、个性化的服务就不是什么太难的问题了。

本章节不是教旅游者如何决策，而是研究旅游决策的行为阶段与心理背景，找出旅游决策的影响因素，了解在决策时希望得到什么样的信息、如何针对性推销，更好地制订出销售策略，从而针对旅游需要开发适销对路的旅游产品与服务，并吸引购买，促进旅游业发展。

2.1.1 旅游者的决策过程

旅游心理学主要是研究旅游活动中人的行为规律，不仅指一般的行为举止，而且还包括人的各种心理品质和心理活动。人是有自我意识的高等动物，人的一举一动无不与心理活动相联系。旅游决策过程既是一种行为过程，同时也是一种心理过程。

下面我们将从纵向的行为与横向的心理两个方面来介绍旅游者的决策过程。

1)纵向过程的5个行为阶段

在明确旅游需求以后，人们便要收集信息，对购买旅游产品的一系列方案进行筛选，然后进行购买决定。消费旅游产品的过程也就是决策实施的过程，每一次消费结束以后便会对整体环节进行评价，评论付出与取得是否合算，这也是一个价值评判过程。

一般而言，旅游决策过程经历识别旅游需求或旅游环境、寻找相关旅游信息和筛选各种方案、作出购买旅游产品的决策、消费旅游产品和服务、购买后的感觉和评价5个阶段，如图2.1所示。

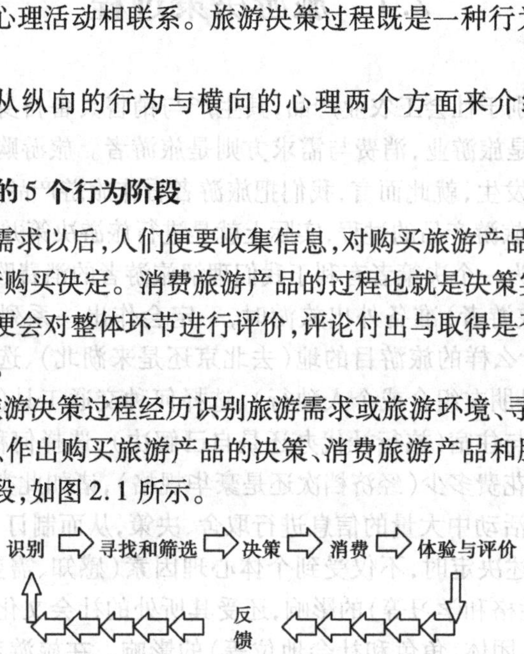

图2.1 纵向过程的5个行为阶段

(1)识别旅游需求或旅游环境

识别旅游需求或旅游环境是旅游决策的第一步，个体也许在很长的时间内并不能明确旅游需求，只有在受到外界的某种刺激的情况下，旅游需求才会逐渐清晰起来。一旦明确消费需求之后，为了满足心理需求和降低心理紧张程度的目的，就会有进一步的行为。

例如，某人很长一段时间因为工作压力而超负荷地运转，天天和不同的人打交道，在不同的场所谈生意，在复杂和无法预见的环境与情境中处理工作，每天都面临新挑战、新刺激，紧张和压力容易让他厌倦与烦躁，一旦积累到一定的程度，他就需要引进一些轻松和平淡来抵消心理紧张与不适。当他有一次在无意中接触到一部美丽的神农架风光片，他突然发现自己生活的城市是如此的喧闹，自己现在的工作如此的烦琐，即刻萌发了去该地旅游度假放松的愿望。在此例中，由于受到风光宣传片的刺激和影响，其潜在的旅游需求被激活了。同样，一名现实的旅游者在决定是否品尝风味餐、是否购买某些旅游纪念品或是否决定增加新的旅游项目时，导游人员的鼓动、他人的示范效应都会使其潜在的需求变得更加明确。旅游需求指导和调节着旅游者的活动，控制着旅游者的举止行为。

(2)寻找相关旅游信息和筛选信息方案

当旅游需求逐渐地清晰起来以后，人们的注意力就开始转向相关的旅游信息的寻找。旅游信息的多少和准确与否，将直接影响其旅游决策的质量。一般情况下，如果旅游广告和宣传在此阶段进入旅游者的注意范围，特别是旅游相关信息非常符合其寻找信息的条件时，往往会被有效注意。

【相关链接2.1】

据美国《旅行周刊》调查显示，在全美外出旅游的人中：有45%的人在旅行前没有明确的去向；36%的人只是大概了解自己想去的地方，但需要指导；而其余19%的人则完全依靠旅游零售商的推荐与建议。

(3)作出旅游决策

旅游者在收集到足够的信息资料以后，往往会进行分析，并在此基础上列举出各种可能和可供选择的活动方案，最终根据个人需要选择最优化的方案作出决策。

(4)消费旅游产品和服务

这一阶段是旅游者采取具体的行动进行消费，这其实是一个极其复杂的过程，它是一个思想和行为需要不断变化、不断调整的过程。在实际消费过程中，一方面预想的行为无论思考得多么周密与细致，它总不免与实际情况存在一定的差异；另一方面在行动过程中，环境的变化与新情况的导入，都会对正在进行的行为产生影响。这一切也需要旅游者面对新的情况与势态不断地作出新的决策，也只有这样才能使预想的行为得以实现。

(5)购买后的感觉和评价

旅游的最终结果是获得一种感觉、经历与体验，本次旅游活动的评价会影响到下一次旅游活动的决策。如果本次活动愉快，那么下一次活动就会有动力，易于实现；反之，就可能难以出现下一次旅游行为，或者说即使是出现下一次行为，那么本次活动中出现的相关问题情况就会成为下一次活动考虑的重点因素。这一阶段可以看成是本次旅游决策活动过程的终结，但它同时也是下一次旅游决策活动过程的开端，这一环节对其购买其他旅游产品起着主要作用。

2)横向过程的3个心理方面

人的行为都是和人们的心理紧密联系的，心理是行为的内在根据，行为是心理活动的外在表现,是心理活动化的结果。

心理学告诉我们,人的心理活动过程包括认识过程、情感过程和意志过程。旅游决策过程实际上是心理和环境相互作用的结果。这一过程中,由于心理活动不同,各人所处的环境相异,导致其行为也会大相径庭,但旅游者在作出并实施决策的过程中大致都要经过这 3 种既相互区别又相互联系、相互促进的心理活动过程。或者说,正是这 3 种心理活动过程促使旅游者作出并实施了旅游决策,如图 2.2 所示。

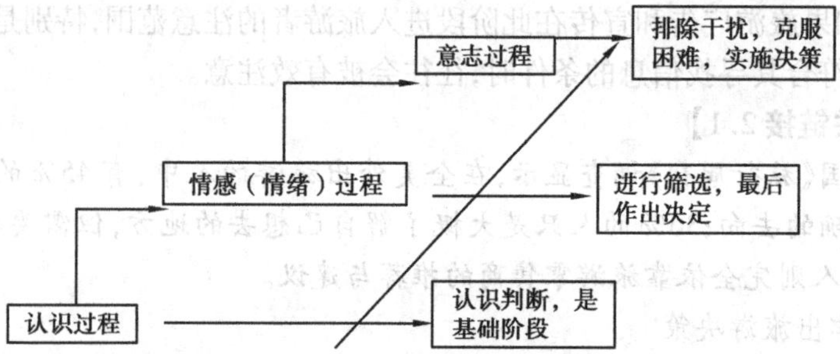

图 2.2　横向过程的 3 个心理方面

(1)认识过程

在作出旅游决策之前,要认识所要购买的旅游产品。要明确哪个产品能满足需要。然而,旅游者在购买前又是不可能看到旅游产品的,只有通过收集资料、通过旅游企业的宣传或是亲友的介绍才对旅游产品有个大体的认识。这个过程中有感知、记忆、思维、想象、注意等心理活动在起作用,还有旅游者自身的知识经验参与其中。

认识过程虽然只是心理活动的初始阶段,但它对旅游动机、购买行为有着影响作用。当然,在决策实施的过程中同样会有认识过程,旅游者会不断地认识、判断,直至消费结束,形成一个总的认识和评价。

(2)情感(情绪)过程

在完成对旅游产品的认识过程后,往往要对几个产品进行筛选,最后作出决定。这主要是和旅游者的情感(情绪)过程有关。喜爱的、愉悦的情感(情绪)会促使旅游者作出购买的决定,厌恶的、愤怒的情感(情绪)促使其放弃购买。

情感(情绪)过程和旅游者的个性以及社会时尚有关。一个个性活泼好动、喜欢热烈欢腾的旅游者,往往对宁静素雅的旅游产品不感兴趣,产生不了喜爱的情感(情绪),更不会作出购买的决策。在实施购买决策过程中,情感(情绪)作用对旅游者的影响也不可忽视,一旦对产品产生厌恶甚至愤怒的情感,可能就会对整个产品持否定评价与态度,并影响其后续行为的发生。

(3)意志过程

旅游者在经历了认识、情感(情绪)两个心理活动过程后,还要经过意志过程才能最终作出购买决策并实施。意志过程是旅游者为达到预定目的、与克服困难相联系的心理活动过程。旅游者经过认识、情感(情绪)两过程,对购买旅游产品的目标是明确的,意志过程会使旅游者坚定对其购买的目标不动摇,排除来自内部、外部的干扰,克服困难,作出并实施购买决策。

旅游者的3种心理活动的区别是明显的,但又是相互联系、相互作用的:认识过程是旅游者整个心理活动的开端和基础,它影响着情感和意志的进行;情感和意志过程是心理活动的动力,促进认识过程的发展和变化;情感制约着意志过程的发生,意志过程又调节并支配着情感(情绪)过程的变化,两个过程共同制约着旅游者旅游决策的制定与实施。这3个部分都是旅游消费者的内部主观活动,也是旅游消费者所共有的。

2.1.2 影响旅游者旅游决策的因素

通过对旅游者旅游决策的阶段活动和心理活动过程所作的分析,我们看到旅游者在作出旅游决策时会受到社会环境和个人心理因素的双重影响。

1)社会环境因素

社会环境因素构成了旅游消费者所处的大环境。来自社会的影响主要有角色(性别、年龄和职业等)的影响、家庭(类型和生命周期等)的影响、所属团体(群体规范与压力等)的影响、社会阶层(教育和职业等)的影响和文化(价值和差异性)的影响,这些都是外部力量的影响。

2)个人心理因素

人的行为是他们的个性特征与环境相互作用的产物。个人心理因素会影响人们如何认识和评价旅游环境,以及持有什么样的决策标准,从而影响他们最终的旅游决策。其影响因素主要有感知、需要、动机、态度、学习、人格等。

影响旅游决策的社会和心理各要素我们将在下一节加以探讨,这里只进行综合而简明的概述,如图2.3所示。

社会大环境作用于旅游商业环境和个人社交环境。一个社会的大环境如果不能给旅游活动提供条件,旅游商业环境就不能形成。如整个社会贫困或战乱,人民基本生活需要都难以保证,就难以产生旅游的环境,也难以向旅游者和潜在

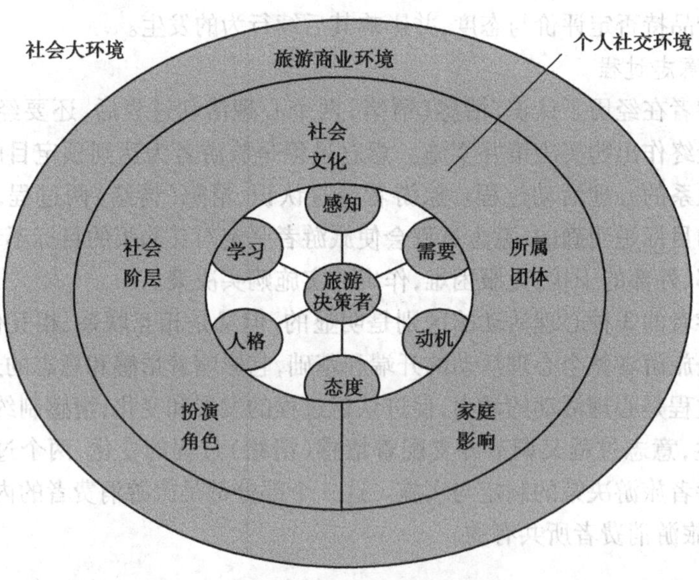

图 2.3　影响旅游者旅游决策的因素

旅游者传递有关信息,必然难以产生旅游的需要。同时对于个人社交环境而言,它会比商业环境得来的信息更可靠、更重要,也避免偏见,对旅游动机产生的影响也更加明显。

社会旅游商业环境又作用于家庭、社会阶层和文化氛围,没有这个商业环境很难使旅游成为时尚、形成旅游潮。社会个人社交环境影响的角色、阶层和文化氛围、所属相关团体等因素又作用于个性心理因素。在这个环境下,人们才能感知旅游产品,萌发旅游需要,学习相关旅游知识,形成对旅游喜爱的态度,产生旅游动机,在不同人格的作用下作出不同的旅游决策,最终进行旅游行为。这是从外至里的影响。与此同时,从内向外也还发生着反向作用,人们的旅游需要会引导人们去改变对旅游的态度,去感知有兴趣的信息与目标,去学习相关的旅游知识,去影响周围群体的氛围,同时也会激发商业环境的氛围,促进社会对旅游产品的生产与供给,以满足日益增长的精神生活需要,而人们在精神生活中得到满足以后,又能够促进人格与个性的完善。

总之,影响旅游者旅游决策的因素是多样化的,人们的旅游决策行为是一个包含着许多行为要素的要素系统,系统中每一个环节不仅作用于下一个环节,而且也作用于它的产生者。在旅游者作出和实施这些决策的过程中,始终都存在着复杂的心理活动,旅游者的决策过程是一个复杂的心理活动过程。

2.2 旅游决策心理

2.2.1 感知觉对旅游决策的影响

1)感知觉的基本概念

(1)感知觉的定义

人类反映客观世界要经过感觉、知觉、记忆、想象、思维等认识过程。在客观事物的直接作用下,人脑对客观事物个别属性的反映是感觉,整体的反映叫知觉,实际上就是人们通过各种感觉器官获得对象或事件的信息的心理过程。如:看到色彩、听到声音、闻到气味等都是感觉,看到一座高楼、听到一首歌曲等都是知觉。

感觉与知觉都是客观事物直接作用于人的感受器官而产生的。但感觉只反映事物的个别特色而知觉则反映事物的整体。感觉是知觉的基础,是知觉的组成部分,但知觉不是感觉简单的总和,而是各种感觉的有机联系。知觉对客观事物的反映比感觉更深入、更完整。知觉过程是选择、组织和解释感觉刺激,使之成为一个有意义连贯的现实映像的过程,如图2.4所示。

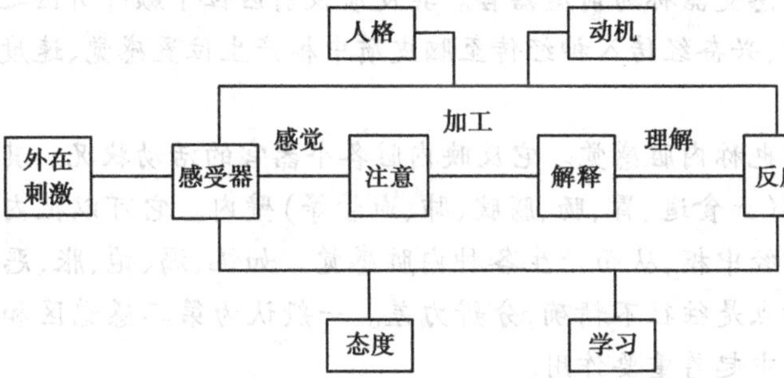

图2.4 感知过程

在日常生活中,当我们感觉到某一事物的个别特性时,也同时反映了这一事物的整体。如旅游者在入住宾馆的客房时,不可能只看客房的楼层位置,而不看客房的陈设与卫生。在到达房间的同时,肯定会看到相关布置和卫生,判断安静与安全情况等,也就是说,房间是以整体作用于客人,我们不可能离开某一具体事物去单纯感觉它的个别特性。所以通常把感觉和知觉统称为感知觉。人类认识事物，首先得通过感知觉，没有感知觉是不可能认识客观世界的。虽然感知觉只是反映客观事物的外部特征和外部联系，是最简单的认识过程，然而，它是复杂的认识过程的基础，如果没有感知觉提供的关于客观事物的感性材料，也就不能揭示客观事物的本质属性和本质规律。

实践活动影响着感知觉的发展。同时，感知的结果又在实践中得到检验。通过实践检验，人们的知识经验日益丰富完善，反过来又为更好地感知客观世界创造优越条件。

(2)感知觉的种类

感觉分为外部感觉和内部感觉。由外部刺激物引起，其感受器位于身体表面或接近表面的为外部感觉。内部感觉包括运动觉、平衡觉和机体觉。

【相关链接 2.2】

外部感觉包括视觉、听觉、嗅觉、味觉、皮肤觉(包括温度觉、触觉、痛觉等)。其中视觉和听觉在生活中具有最重要的作用。反映机体各部分运动变化及内脏状况的感觉为内部感觉，其感受器位于体内组织里或内脏器官的表壁上面。

内部感觉包括运动觉、平衡觉和机体觉。运动觉反映骨骼肌肉运动和身体的位置状态。其感受器位于肌肉、肌腱和关节中。肌肉的状态和伸展情况、关节的角度变化都是运动感受器的适宜刺激。当感受器受到刺激时，冲动沿脊髓后索上行，经丘脑最后到达大脑皮质中央前回而产生运动觉。言语器官的运动觉是言语活动的必要组成部分，它在进行言语交际中起重要作用。

平衡觉的感受器称为前庭器官。其皮质投射区位于颞叶听区之前。头部运动刺激感受器，兴奋经传入神经传至脑皮质中枢产生位置感觉、速度感觉和旋转感觉。

机体感觉也称内脏感觉。它反映内脏各个器官的活动状况。其感受器分别在于各个脏器(如食道、胃、肠、膀胱、肺、血管等)壁内。它可以把内脏活动及变化信息传入神经中枢，从而产生各种内脏感觉。如饥、渴、饱、胀、恶心、疼痛等。内脏感觉的特点是往往不精确，分辨力差。一般认为第二感觉区和大脑边缘系统在内脏感觉中起着重要作用。

知觉可以根据起主导作用的分析器不同而分为视知觉、听知觉、味知觉、嗅知觉、触知觉、运动知觉等。

知觉依据所反映事物的空间特性、时间特性和运动特性，可以分为空间知觉、时间知觉和运动知觉。物体有形状、大小、远近、方位等空间特性。空间知觉就是物体的空间特性在人脑的反映，因此，可分为形状知觉、大小知觉、距离知觉、立体知觉、方位知觉等。时间知觉是对事物的延续性和顺序性的反映。人对时间的知觉必须以某种客观现象作为参考体。作为时间知觉的参考标志很多，如：太阳升落、月亮盈亏、季节变化、钟表、日历和“生物钟”等。运动知觉是对物体的空间位移和移动速度的知觉，是通过多种感官的协同活动而实现的，参与运动知觉的感官有视觉器官、动觉器官、平衡觉器官等。如表2.1所示。

表2.1　感知觉的类别

项　目	感觉器官	感觉刺激	功　能
视觉	眼睛	可见光波	看东西
听觉	耳朵	声波	听声音
嗅觉	鼻子	气味	识别气味
味觉	舌头	味道	感觉物质味道
触觉	皮肤	物理压力	感觉硬度、形状等
痛觉	皮肤	疼痛	生命安全
温度觉	皮肤	温度	生命安全
饥渴觉	内脏器官与大脑皮层	食物、水及体内失衡	吃、喝
动觉	所有感觉与大脑皮层	身体运动	日常行动
平衡觉	内耳中的前庭	身体倾斜度	身体平衡

(3)感知觉对旅游行为的作用

旅游者作出旅游决定以及在旅游中获得的感受，都要依赖于感知觉。旅游感知觉是影响旅游行为的重要心理因素之一。

第一，旅游感知是旅游行为产生的前提，个体在感知到旅游对象的存在，了解到情况之后，才会作出旅游决策，产生旅游行为。在没有旅游对象的情况下难以作出旅游决定。

第二，旅游感知中对介绍旅游点材料的感知和旅游中对旅游对象的感知进行感知比较的结果对未来的旅游行为产生重要的作用。

第三，旅游感知具有选择性，不同的人具有不同的选择是因为对同一旅游对象会产生不同的行为反应。

2)影响感知觉的主客观因素

由于旅游感知对于旅游行为具有重要的作用，因此应该重视对旅游感知的理解，通过深入的分析研究，了解影响感知的主客观因素，以便通过主观的努力去创造必要的条件，对人们的心理发挥作用，影响感知以及个体旅游行为的产生。

(1)客观因素

①感知对象的性状。人们对同一事物会有不同感知的事实,说明知觉受主观因素的影响,但并不意味着感知不受客观事物的制约。感知产生的根源是客观刺激的存在,主观心理因素的作用只在于选择、组织与解释等作用。例如,由于心理因素的原因,人们选择坐飞机旅游而不选择火车,但是绝对不会把飞机当成火车。这种事实说明,感知的先决条件是刺激客观存在,刺激本身的性质不同是影响感知的客观前提。人们接受外界刺激时并不是零乱无系统的,而是有组织、有意义的感知。

②主体本身的特性。主体的生理条件对感知的作用,既有客观因素的一面,又有主观心理因素的一面。就生理机制来讲,它有客观的意义;就它对心态的影响来讲,它又是心理的成因。

人的感觉器官、身体状况及疲劳程度均能影响感知,外在刺激必须通过感官才能使人产生知觉,感官功能是否正常以及功能的差别,都会影响对事物的知觉。很明显,视觉色盲和听觉失聪的人所感知到的世界是与正常人不同的。

身体健康和体格强壮的人对外界环境的看法会是无所畏惧和充满信心的,对旅游中距离的远近不会看得太重,而体弱多病的人对外界环境可能会有较多的危险和困难的感觉,如果需要长途跋涉,则会视为畏惧而成为行动的阻力。

身体疲劳的人对外界事物的感知必定是不完整的,比精力旺盛的人所接受的外界事物信息,数量上要少得多,质量上要差得多,甚至表现为不愿意听,不愿意看。

此外,主体的经济收入、职业、年龄、性别、民族、信仰等外在因素的限制也会对主体的感知产生影响。

(2)主观因素

面对世界上的万千事物,人们不可能对它们都产生反应,而只是选择一部分信息进入知觉世界,同一个客观事物,不同的人也会对它产生不同的感知。这主要是由于主观因素的作用,主观因素主要有需要与动机、情绪、状态、期望、经验、兴趣、观念和个性特征等。

①需要和动机影响感知。需要期待目标,目标诱导行为,需要和目标推出动机,动机是个体行为的内部动力,它使人的知觉和行为指向确定的活动目标。一个为了欣赏自然风光而准备到桂林去的人,会对有关桂林山水的消息倍加注意,而为了经济考察去桂林的人,则会更多地注意经济发展状况和存在的问题。动机不同使他们对感知的内容产生了影响,从而引导他们作出不同的选择。

②情绪影响感知。情绪是主观因素中最富于变化的因素之一,人在任何活

动中都会产生一定的情绪状态,情绪状态又成为活动的影响因素。人在情绪愉快时,会较多地知觉到对象积极、美好、顺利的一面;反之,会较多地知觉消极、困难的一面。

③态度影响感知。人们对具有良好态度并认为有价值、有意义的事物,会特别予以注意而进入知觉世界,这主要在于对象是否与个体的态度和价值观念相一致。此外,态度和价值观念还有夸大知觉对象的作用,例如对自己所喜欢的明星,在心目中往往被看得比实际更高大;对认为有价值、有意义的事情,往往会作出超常的评价。

④经验影响感知。每个人都有自己的经验,不同的个体由于经历的不同而有不同的经验,由于这种原因,当面对同样的环境或对象,会知觉到不同的内容。例如,一个旅游者和一个植物学家同时到神农架原始森林,旅游者关注的是自然风光,植物学家看到的是气候、环境和动植物的种类,这种不同的选择结果主要是受不同经验的影响。

⑤个性特征影响感知。

a. 兴趣的影响。兴趣是人们对客观事物的一种认识倾向。人们往往容易发现并使知觉集中于感兴趣的事物,而将不感兴趣的事物排除于知觉的范围以外。

b. 气质的影响。人们在气质上具有不同的特点,影响知觉的速度、广度和深度,最终表现为知觉内容的不同。

c. 性格的影响。性格是一个具有复杂内容的个性心理特征,对感知的影响是多方面的。主要表现在不同的性格特征对感知内容与对象的不同理解上。性格乐观的人和性格悲观的人相比,前者多会得出乐观的结论。

3)旅游者的感知对旅游决策的影响

(1)旅游对象的感知对旅游决策的影响

社会上大多数的人在日常生活中,都可能得到有关旅游的信息,产生一定的信息感知,由于内容数量不会太多且不过于关注,因此所能留在记忆中的则更少,人们在需要进行旅游决定时,仅靠这些平时的知觉是不够的,需要主动去搜集有关旅游对象和旅游条件的信息。

在人们确定要去旅游时,最重要的是选择能够最大限度满足自己兴趣和需要的旅游点。因此,首先搜集相关信息资料,进行分析、评价和判断,选定具体的目标。搜集信息资料的过程也就是旅游对象感知的过程。由于感知的选择特性,人们对旅游信息的吸收和旅游目的地的确定,会有很大的差别。人们不同的旅游需要和兴趣使他们分别关注不同的旅游目的地,产生不同的旅游感知,从而选定不同的旅游目标。例如,有的人在炎热的夏季想去一个清凉的地方,可能就会搜集避暑旅游点的资料。在同时存在几个可选目标的情况下，这个人由于需要和动机的影响，他可能对游人不太拥挤的旅游点产生较好的知觉印象，从而选定作为满意的旅游目标。作为一种主动知觉，感知受每个人的动机、需要和兴趣等心理因素的影响较大。除了心理因素的影响以外，旅游点作为旅游活动的对象，它自身的条件和功能也起着重大的作用。一个具有满足旅游需要功能的旅游点，比一个功能较差的旅游点会优先引起人们的注意，更会首先被选择为感知对象和旅游对象。

(2)旅游条件的感知对旅游决策的影响

人们除了对旅游对象的感知外，还包括对进行旅游所必需的其他旅游条件的感知，如食宿条件、交通条件、旅游距离、购物条件、价格条件、旅游目的地、消费风险等。对任何一个旅游者来讲，都需要这些条件能够有基本的保证，但是不同的人会有不同的要求，从而对相同的条件产生不同的知觉，对旅游目标的确定产生不同的影响。例如中年和老年旅游者相对于青年旅游者来说，对于交通和住宿条件一般要求要高一些，在搜索旅游信息时会关注这方面的情况，符合条件的目标会优先加以知觉，条件不好，尽管旅游地的活动内容很好，也不会作为旅游的选择目标。要使旅游者对旅游条件产生良好的知觉，就要搞好旅游设施和旅游服务，包括饮食、住宿、交通、游乐、购物和其他有关的设施与服务等，使其尽量地满足旅游者的心理需求，这也直接影响着旅游者对旅游服务的评价。

(3)所处社会环境的感知觉对旅游决策的影响

社会环境感知是感知世界的一部分，它是影响人际关系的建立和活动效果的重要因素之一，在很大程度上决定着旅游活动的效果。旅游中的社会环境感知主要包括对人的感知、人际感知、角色感知和自我感知。

对人的感知主要是指对别人的动机、意图、感情和性格等方面的感知。对人的正确感知，是建立正常的良好人际关系的依据，是有效地开展活动的必要条件。旅游者对旅游接待者能够正确地感知，可以产生信赖感，有利于得到对方的帮助，建立更好的合作关系。旅游接待者正确地感知旅游者的动机、意图、感情和性格，可以更好地开展服务工作，适应不同游客的需求，提高服务的质量。

人际感知指的是对人与人之间相互关系的感知。不同的人与人之间的关系表现为接纳、拒绝、喜欢、冷淡等各种亲疏远近的状态，对这种关系的正确感知是顺利进行人际交往的依据，也是搞好群体活动的基础。旅游接待人员应该尽快地了解旅游团中人际关系的状况，以便利用这种关系搞好旅游接待工作，提高旅游活动的效果。

角色感知指人在社会上所处的地位、从事的职业、承担的责任以及据此而应有的行为模式。角色感知不仅包括对某一个人在社会上所扮演的角色的认识和判断,同时还包括对有关角色行为的社会标准的认识。角色是个人对环境的一种适应,如果社会对个人的角色期待模糊不清,或个人对角色的感知错误,则角色的实现就必然会发生偏差,会造成心理上的困扰和行为上的失调。旅游接待人员特别要正确感知自己扮演角色的行为标准,按照这一标准规范自己的行为,才能做好岗位工作,为本单位、为祖国赢得荣誉。游客为了旅游的成功,也有正确感知自己的角色地位及行为标准的必要,以便按照这一标准指导、规范自己的行动,只有这样才能保证旅游顺利、愉快。

自我感知主要是对自己的行为、体能、需要、感情、思想等的知觉。有了正确的自我感知,才知道自己需要怎样去做,能够做到哪些,并且不断调节行动,以便作出正确的反应,更好地适应环境。旅游者如果缺乏正确的自我感知,就会选择自己不能胜任或无法适应的旅游活动,或者提出不适当的要求,造成消极心理,难以做好工作。自我感知在旅游中对主客双方人员都具有重要的意义。

2.2.2 旅游需要与旅游动机对旅游决策的影响

1)需要与旅游需要的基本概念

(1)需要

需要是在一定的生活条件下,人们对客观事物的渴求。人的需要是人适应生存环境、保持人体与外界平衡所必需的。在各种复杂的生活环境的影响之下,人的需要是多种多样的,既有生理性需要,也有社会性需要,既有物质性需要,也有精神性需要。

需要具备对象性、紧张性、动力性、社会性、周期性、差异性和发展性等方面的特征。例如,人们的需要总是指向于某种具体的事物,人对食物、空气、运动、睡眠的需要等就是对一定对象的需求。人对需要的内容有很大的选择与差异性,并不是任何一种客观事物都可以引起每个人同样的相应行为,如鸡爪这种美味食品能引起中国大多数人的喜爱,但不能引起西方人相应的行为。人的需要并不因其获得满足而终止,有一些具有明显的周期性,还有一些会在满足的基础上产生新的需要。此外,需要的紧张性、动力性、社会性和发展性也都是重要的特征内容。

(2)旅游需要

旅游需要是人们在特定生活与特定经济条件下对旅游产品的愿望和要求,是旅游行为最基本和最核心的因素。

旅游需要是人的一般需要在旅游过程中的反映。旅游者的需求是多方面的,根据马斯洛的需要层次理论,可以从天然性需要、社会性需要和精神性需要3个方面进行分析,具有很明显的特殊性。

旅游者具有天然性的需要,因为旅游者在旅游过程中首先要保持机体生存、健康才能进行各种活动。旅游者天然性的需要包括生理上的需要,即对衣着、食品、环境、住所、休息和交通等的需要,此外还包括安全、秩序、稳定、自由、运动、娱乐和健康的需要等。

社会性需要主要表现在需要进行社会交往和需要尊重两个方面。社会交往需要表现在旅游观光的同时需要探亲访友,需要交结新朋友,需要与旅游地的人们接触,交流感清,交流友谊。旅游者需要尊重这是不言而喻的,每个人都希望自尊心获得满足,希望受人尊重。

精神性需要主要有认知、审美和自我实现的需要。旅游者在整个旅游过程中,都积极、主动地追新猎奇、增加见闻、扩充知识,对美好事物和艺术等方面有着强烈的需求。最终使自己的情操得到陶冶,才能得到发挥,潜能得到显现,理想成为现实,成为自己愿意成为的人。

2)动机与旅游动机的基本概念

(1)动机与旅游动机

动机一词来源于拉丁文,原意为推动的意思。在朱智贤先生主编的《心理学大字典》中对动机作了这样的界定:动机是“能引起、维持一个人的活动,并将该活动导向某一目标,以满足个体某种需要的念头、愿望、理想等”。

旅游动机就是推动人们进行旅游活动,并使人处于积极状态,以达到一定旅游目标的内在动力。旅游动机是旅游消费行为的主要推动力量,受主体旅游需要的影响。

(2)旅游动机的种类

对任何事物和现象都可以作出不同的分类,这取决于按照什么样的标准作为分类的依据。由需要产生的动机是复杂的。

旅游心理学为了科学分析旅游动机的性质、特点,对旅游动机作出了不同的分类。美国的罗伯特、麦金托什和沙西肯特、格普特将人们的旅游动机分为4种类型:健康动机、文化动机、交际动机、地位与声望动机等;日本的田中喜一先生将人们的旅游动机作了如下分类:心理动机、精神动机、身体动机、经济动机等;日本的今井省吾先生对现代旅游动机的分类是:消除紧张的动机、扩大自己成绩的动机、社会存在的动机。这些分类有助于我们对旅游动机作总体的了解,并有利于系统地掌握每一种旅游动机所要求的活动对象的性质和条件,了解、预测旅游行为的方向,并有针对性地开展各种类型的旅游活动。

上述研究者从不同角度、不同层次对旅游动机进行了归纳和分类,各具特点。但这些分类仍然有概括偏窄、过于笼统的缺陷。因此,根据上述分类并结合我国旅游的实际状况,我们认为,现代旅游行为的旅游动机主要有:

①身心健康的动机。身心健康的动机是由人们通过暂时变换工作和家庭环境,调节生活节律的需要而产生的,是满足人们身心健康需要的动机。人们都关心自己的身心健康,现代人的观念已从"有病吃药"的健康意识过渡到"健身防病",健康的动机日益迫切。现代社会生活节奏加快,紧张、单调、重复、喧闹的都市生活,不仅造成身体的疲劳,而且造成心理的压力,产生压抑感。为了解除身体的疲劳、精神的疲惫和心理上的压力,人们休闲时间去爬山、去钓鱼或去气候宜人、阳光充裕的海滨休假疗养,已成为现代人的时尚。

②文化求知的动机。文化求知的动机是为了满足人们文化需要方面的动机,以探索社会和自然的奥秘,追求知识为主要目的,把外出旅游作为学习和了解异地异族的文化、历史、自然风光、风俗、习惯、传统、语言和宗教等的途径。探索需要是人生来就有的,随着个体年龄的增长、能力的增强,这种探索外部事物的需要日益强烈,人们对未知的事物充满了好奇心。这些动机表现为一种求知的欲望,一种追新猎奇的心理需要。随着社会文化事业的不断发展,人们文化素质不断地提高,在人们旅游动机体系中,文化动机所占的比例越来越大,地位也越来越高。

③支配欲望的动机。这种动机占主导地位的人总想自己能支配一些东西。有的人在日常生活中可能具有支配人的欲望,然而现实又没有赋予他权力,旅游可提供一种替代物,满足人的支配欲(例如征服高山以享受征服的乐趣)。

④自尊名利的动机。自尊包括对自己身份、地位的追求。日常生活、工作中,人们自尊的需要往往得不到满足或得不到全部满足,旅游则能给予一定的补偿。购买旅游产品是身份地位的象征,也是日后向他人炫耀的资本。名利的追求使此类动机的旅游者注重"炫耀"和"扬名"。常常要把自己的名气与旅游商品的名气联系起来,以突出社会地位和声望,以满足自己对地位、声望上的需要。

⑤社会交往的动机。为了满足人们社会交往的需要,保持与社会的接触,摆脱日常工作和生活中烦琐事务的纠缠而外出旅行是出自交际动机。交际动机包括重归故里、寻亲访友的动机。寻亲访友是社交,结识新朋友也是社交,旅游无疑能满足旅游者社交的需要。交际动机还包括为了摆脱家庭或社交活动中的苦闷、压力而外出旅行结识新朋友的动机。交际动机是一种比较广泛的动机,进行任何一种旅游活动,都要与人发生人际交往,没有人际交往是难以实现旅游活动

的。所以,每个旅游者都不同程度地具有交际动机。

⑥旅游购物动机。购物动机主要是为了满足人们对各种生活、文化用品方面的需求而产生的。当购物动机占优势地位时,人们外出旅行所选择的旅游线路和目的地,大多为经济发达的沿海地区。国内购物旅游的特点,一般是以价廉物美的日用品、电器为主。国外购物旅游的特点则是以土特产、工艺品、文物为主。中国香港被称为“购物天堂”,不少人都涌到香港购买各种各样他们所喜爱的商品。

旅游动机是一般动机的引申,它是直接促使人们进行旅游活动的各种内部动因或动力。它的产生和人类其他动机一样,都根源于人的需要,并满足人的需要。由于人的需要具有多样性、主动性、复杂性的特点,由此决定了人们的旅游动机也是有其复杂性和多样性的特点。以上,仅只是粗略地对旅游动机作初步的分类。我们无法将旅游者的所有动机都罗列出来,只是根据一些主要需要导致的动机进行概括的分类。其实,旅游动机是因人而异、多种多样的,不同的动机可能导致同一行为,同一动机却不一定产生相同的行动;旅游行为也不是受一种动机驱使,可能有几种动机同时存在,在这种情况下主导动机将起决定作用。

3)旅游需要、旅游动机对旅游行为决策的影响

旅游需要、旅游动机与旅游决策关系密切。在现实生活中,从旅游需要的产生到旅游行为的发生是一个复杂的心理过程。在这个过程中,当人们有了旅游的需求,并不意味着旅游动机就能确立,如果没有相应的客观条件,某种需求仅停留在愿望上,不会产生旅游动机,更不会产生人的旅游行动,这种愿望也就没有效果。只有当主客观条件具备,并能满足旅游需要时,旅游动机才能确立,并由思想动力向现实转化,成为实际的旅游行为。

旅游需要是人对旅游的渴求与欲望,当这种需要产生而又未得到满足时,就会产生一种不安和紧张的心理状态。一旦遇到能满足需要的目标时,这种紧张状态就变成旅游活动的内部驱动力,即旅游动机形成,并为此付出种种努力。一旦作出并实施旅游决策,需要得到满足,紧张状态也便消除。如此,下一阶段又会产生新的需要,转化为新的动机、决策和行为,成为下一个新的“需要—动机—行动”周期,如此循环往复。

旅游消费行为的最基本原因是旅游需要,需要的期待是目标,目标是消费行为最主要的诱因,需要与目标的结合产生动机,动机推动行为决策,没有旅游需要就没有旅游决策行为。在人们从事旅游活动的过程中,旅游动机总是形形色色、错综复杂、千差万别的,反映着不同的人们的愿望、兴趣和需要,驱动着旅游者进行和完成旅游活动,实现其旅游活动的特定目标。

旅游需要与动机促使旅游者注意搜集、分析和评价旅游信息,并制订具体的旅游计划作为旅游决策的选择。旅游者在旅游需要与动机的驱动下,会通过各种渠道去搜集旅游信息,了解旅游目的地的各种情况。如前往的地方将是什么样的情景?交通是否方便?天气状况如何?需要花费多少代价?选择什么样的旅游路线?时间和经费够不够用?是单独前往,还是参加团体旅行,等等。通过对这些信息的分析,制订出包括具体的旅游景点、旅游线路、旅游方式和旅游时间等为内容的旅游计划,以供旅游者作出符合自己需求的决策与选择。

旅游需要与动机推动旅游者产生旅游决策行为,完成整个旅游活动过程。需要与动机作为人的心理因素,总是会对旅游过程进行积极和消极两方面的预测。当旅游过程中的经历符合旅游动机的需要和期待,甚至超出这种期待时,旅游者的动机会得到强化。因为积极的旅游感受、美好的印象,欢乐、舒适和愉快的旅游历程,不仅会成为促进新的旅游活动的积极因素,而且可能产生再次重游的动机。当旅游经历与旅游动机和期待不相符合时,旅游者也会进行心理调节,促使旅游活动尽可能地顺利完成。旅游动机既是整个旅游活动的起点,又贯穿于旅游活动的全过程,并且对未来的旅游活动产生不同程度的影响,成为新的旅游活动的诱导因素。

2.2.3 态度与人格对旅游决策的影响

1)旅游态度

人们对旅游对象的选择以及旅游活动效果的产生,不仅受知觉、动机和兴趣等心理因素的影响,还会受对旅游对象、旅游活动持有什么态度的影响。旅游态度是影响旅游选择和旅游活动效果的重要心理因素之一,了解旅游态度的特性,影响和改变旅游态度的条件,有助于了解旅游行为的规律,促进旅游业的发展。

(1)基本概念

旅游活动是人的许多社会活动的一部分。人们对它持什么样的看法,认为它是有意义的、有价值的还是无意义、无价值的,是喜欢它还是不喜欢,有没有准备参加旅游活动的打算和愿望,这就构成了他们对旅游活动的态度。旅游态度是人们对旅游对象和旅游条件作出行为反应的心理倾向。

旅游态度是人们将对旅游作出什么样的行为反应的心理想象,是行为反应的心理准备状态,它虽然不是行为反应本身,而且还不是行为反应的现实,但却包含和预示着人们作出什么行为反应的潜在可能性。一个人对某种旅游活动具有良好的态度,就包含和预示着他有参加这种旅游活动的可能性。人们对每一项旅游活动以及对开展旅游活动所必需的各种旅游条件，都会产生不同的具体态度，而态度的不同，预示着人们作出什么样的选择，这就是关心人们的旅游态度的根本原因。

(2)组成结构

旅游态度是个人的内在结构，它是由3种成分构成的，通常这3种成分都是相互协调一致的。

①认识成分——即对旅游对象、旅游条件的认识、理解和评价。它是构成旅游态度的基础。态度的认知表现为个体对态度对象的感知、判断、记忆、想象。旅游者在对旅游产品认知的基础上才能形成相应的态度。

②情感成分——即对旅游对象、旅游条件的情感判断，也就是好恶感。它是旅游态度的核心并直接影响人们的行为。态度的情感因素表现为对态度对象的评价和喜欢、厌恶的程度。情感的强度代表了态度的强度，凡是有好感的对象态度认知首先予以肯定的评价。

③意向成分——即行为倾向，指人们对旅游对象和旅游条件作出的反应倾向，即行为的准备状态。行为倾向性是态度对个体活动的支配，表明人的行为意向。

(3)基本特性

①态度的社会性。态度不同于本能，它是经过后天学习获得的，是个体在长期生活中通过与他人相互作用以及周围环境的不断影响而逐渐形成的。态度一经形成，又会反作用于他人和周围事物。人们对旅游的态度也是在社会生活中形成的。个体通过主动学习及社会环境的影响就会逐渐形成对旅游的态度，包括是否喜欢旅游、喜欢到什么地方旅游以及旅游方式等。

②态度的针对性。态度总是需要指向一定的对象的，没有对象目标的存在，就谈不上态度。态度是对某一对象的态度，没有对象的态度是不存在的。

③态度的稳定性。态度一旦形成，将比较稳定持久，不会轻易改变，而且还会抗拒态度的改变，这种抗拒态度发生变化的倾向是非常明显的。

④态度的相对性。态度是一个人针对某一对象或某种观念而产生的，因此态度的稳定性只是一种相对的说法，不是绝对的，依照主体与客体之间的相对关系，主体对于对象观念的认识与变化会带来态度的转化与改变。

⑤态度的间接性。态度是一种内在的心理体验，它虽然具有行为的倾向性，但并不等于行为本身，所以不能直接观察，只能从某人的表情、言谈及行动中间接地进行分析、推测。

⑥态度的强度特性。性质不同的态度都有不同的强度，从而可以分成不同

的程度或等级，如最喜欢、很喜欢、喜欢，最反对、很反对、反对等都表现了态度强度上的不同。

⑦态度的价值性。人们对对象的态度取决于价值观念。不同的价值观可能对同一事物形成不同的态度。旅游可以看成是娱乐（情感价值）、增强体质（实用价值）、欣赏风景（观赏价值）、陶冶情操（道德价值）的活动等，当人们意识到这一点以后，可能就会对旅游形成乐于接受与积极参与的态度。

（4）态度对旅游决策的影响

旅游决策过程是旅游者心理活动的过程。旅游环境的信息通过各种渠道作用于旅游者，使之形成由认知、情感、意向行为3种成分组成的态度，这个态度导致了其旅游偏爱或意图。社会因素就会对这种偏爱或意图施加影响，并导致最终的决策行为。这个决策行为又以信息的形式反馈回去，形成新的态度，如图2.5所示。

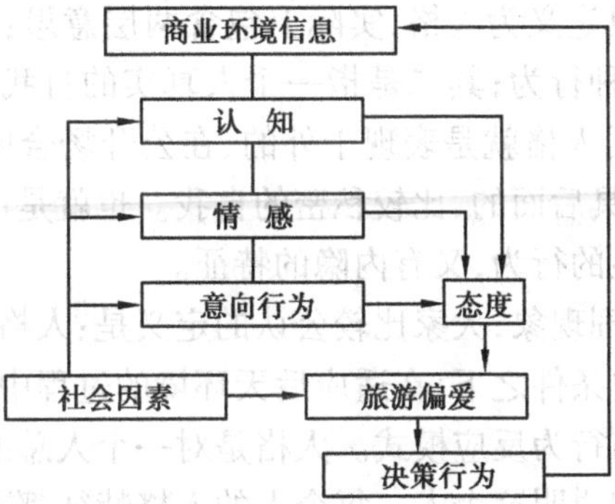

图2.5 3种成分组成的态度

旅游者态度的基本特性对旅游3种成分组成的态度目标的选择产生影响，进而影响旅游决策。旅游活动进行以前，人们对旅游对象、活动方式和旅游价值等方面必然要作出衡量与选择，这种选择正是一个复杂的心理过程，它要受知觉、动机、兴趣等因素的影响，同时也要受旅游者态度的影响。旅游中的目的地、活动内容、旅游交通、旅游服务、旅游饭店、旅游购物和陪同导游等都能使人们产生不同的态度，从而对旅游目标的选择产生一定的倾向。由于态度是人的行为反应的心理倾向，它就包含和预示将会对一定对象作出选择。态度可以促使人们选择那些与态度一致的旅游对象，避开与态度不一致的对象。

旅游者态度影响旅游对象偏爱的形成与产生，而这些旅游偏好产生的意向又直接影响旅游决策过程。态度与行为不是一种对等的关系，可以通过人的态度推测其偏爱，而偏爱在一定社会因素影响下有可能成为实际行动。人们在积极的旅游态度作用下,选择理想的旅游偏爱对象作为目标,并获得了满意的旅游效果,这样便强化了对这种旅游活动的积极态度,并且使之更加牢固,这一信息反馈过来又影响未来对旅游活动和旅游条件的决策与选择。

2)人格

旅游者是人格各异的一群人,他们的需求、兴趣、行为模式、能力等千差万别。研究旅游者人格的目的就在于了解旅游者的个体差异,这对于旅游市场的划分与开拓、招徕游客以及促进与提高对旅游者的服务有很大的意义。另外,旅游行为也促进个体的人格改变,促进个体人格的不断成熟、完善,旅游在人的成长中起着极其重要的作用。

(1)人格的基本概念

人格一词来源于拉丁文的面具(Persona),原意指舞台上演员所戴的假面具,它代表着戏剧中的角色。人格是一种“人的模型”,每个人持有自己的“模型”。心理学中把面具定义为人格,实际上包含两层意思:其一是指一个人在生活舞台上表现出的种种行为;其二是指一个人真实的自我。把人格说成面具那样的东西,一方面说明人格就是表现于外的、在公开场合中的自我;另一方面说明人格还有隐藏在面具后面的、比较私密的自我。也就是说,人格是一个人心理特征的综合,既有外显的行为,又有内隐的特征。

人格是复杂的心理现象,大家比较公认的定义是:人格是在先天的生理基础上,在一定的社会历史条件之下,在适应后天环境的过程中所形成和发展起来的系统的、稳定的态度与行为反应模式。人格是对一个人总的本质的描述,既能表现这个人,又能解释和说明这个人。每个人的人格特征都不相同,这反映了人类个体的多样性特征。但人们的人格也有共同的方面,其共同的基础才能使人们具有一致性、稳定性、可预测性的特点。人格的形成是先天的遗传因素和后天的环境、教育因素相互作用的结果。

【相关链接2.3】 人格成因

当代心理学家的共识是:人格是在遗传与环境的交互作用下逐渐形成的。

1.生物遗传因素

遗传对人格的作用,是一个有重要理论意义和实践意义的复杂问题,目前还难以得出明确的结论。根据现有的研究,遗传是人格不可缺少的影响因素。

遗传因素对人格的作用程度随人格特质的不同而异。通常在智力、气质这些与生物因素相关较大的特质上,遗传因素的作用较重要;而在价值观、信念、性格等与社会因素关系紧密的特质上,后天环境的作用可能更重要。

人格的发展是遗传与环境两种因素交互作用的结果。人既是一个生物个体,又是一个社会个体。人在胚胎状态时,环境因素的影响就已经开始了,这种影响会在人的一生中持续下去。后天环境的因素是多种多样的,小到家庭因素,大到社会文化因素,这些因素对人格的形成和发展都有重要的影响。

2. 社会文化因素

每个人都处在特定的社会文化环境中,文化对人格的影响是极为重要的。社会文化塑造了社会成员的人格特征,使其成员的人格结构朝着相似性的方向发展,这种相似性具有维系社会稳定的功能,又使得每个人能稳固地"嵌入"整个文化形态。

社会文化对人格的影响力因文化而异,这要看社会对顺应的要求是否严格。越严格,其影响力越大。影响力的强弱也要看行为的社会意义,对于社会意义不大的行为,社会允许较大的变异;而对社会意义十分重要的行为,就不允许有太大的变异。如果一个人极端偏离其社会文化所要求的人格特质,不能融入社会文化环境中,就可能被视为行为偏差或患有心理疾病。

3. 家庭环境因素

家庭是社会的细胞,家庭成员间不仅有其自然的遗传因素,也有其社会的"遗传"因素。这种社会遗传因素主要表现为家庭对子女的教育作用,俗话说:"有其父必有其子"是有一定道理的。父母按照自己的意愿和方式教育孩子,使他们逐渐形成某些人格特质。

4. 早期童年经验

中国有句俗话,"三岁看大,七岁看老"。人生早期所发生的事情对人格的影响,历来为人格心理学家所重视。人格发展的确受到童年经验的影响,幸福的童年有利于儿童发展健康的人格,不幸的童年也会使儿童形成不良的人格。但二者不存在一一对应的关系,溺爱也可能使孩子形成不良的人格特点,逆境也可能磨炼出孩子坚强的性格。早期经验不能单独对人格起决定作用,它与其他因素共同决定着人格的形成与发展。

5. 学校教育因素

学校是一种有目的、有计划地向学生施加影响的教育场所。教师、学生班集体、同学与同伴等都是学校教育的元素。

教师对学生人格的发展具有指导定向的作用。教师既是学校宗旨的执行者,又是学生评价言行的标准。教师的言传身教对学生产生着巨大影响。

学校是同龄群体会聚的场所,同伴群体对学生人格具有巨大的影响。班集体是学校的基本团体组织,其特点、要求、舆论和评价对于学生人格的发展具有"弃恶扬善"的作用。

6. 自然物理因素

生态环境、气候条件、空间拥挤程度等这些物理因素都会影响到人格的形成和发展。另外,气温也会提高人的某些人格特征的出现频率。如热天会使人烦躁不安,对他人采取负面的反应,发生反社会行为。自然环境对人格不起决定性的作用,但在不同的物理环境中,人可以表现出不同的行为特点。

7. 自我调控因素

上述各因素体现的是人格培养的外因,而外因是通过内因起作用的。人格的自我调控系统就是人格发展的内部因素。具有自知的人,他能够客观地分析自己,不会把遗传或生理方面的局限视为阻碍个人发展的因素,而会有效地利用个人资源,发挥个人长处,努力地改善自己和完善自我。人是在发展中求生存的。自我调控具有创造的功能,它可以变革自我,塑造自我,不断完善自己,将自我价值扩展到社会中去,并在对社会的贡献中体现自己的价值,把实现自我的个人价值变为实现自我的社会价值。人的自我塑造伴随着人的一生,需要一个人不懈地努力去完成。

综上所述,人格是先天和后天的合金,是遗传与环境交互作用的结果。在人格的形成过程中,各个因素对人格的形成与发展起到了不同的作用。遗传决定了人格发展的可能性,环境决定了人格发展的现实性,其中,教育起到了关键性作用,自我调控系统是人格发展的内部决定因素。

(资料来源:

http://www.med66.com/new/462a463aa2009/20091031liuhon163741.shtml)

(2)人格对旅游决策的影响

①人格类型与旅游决策。比较有影响的分类方法是瑞士心理学家卡尔·荣格的人格理论。荣格把人格分为内倾型和外倾型两大类型。内倾型者在正常情况下重视自己和自己的主观世界;外倾型者性格外向,主要指向他人和外在的客观世界。现实生活中可能存在一些典型的外倾性格者和内倾性格者,但大部分人都在这两者之间。这种理论为人们提供了一个观察人格的简单方法。

外倾者表现为善交际,合群,朋友比较多,愿意与人交谈,不大喜欢独处,易激动;做事凭一时冲动,往往不计后果;爱开玩笑,说话常不分场合;喜欢运动和变化,常表现出粗心大意;具有攻击性倾向;感情不易控制。这种人在作旅游决策时很容易被旅游广告所吸引,作决策时考虑较少,往往凭一时冲动。

内倾型的人喜欢安静、独处,不喜与人交往,朋友少,但忠于友情,与人保持一定的距离,做事深思熟虑,极少冲动,喜欢整齐有序的生活方式,能够控制自己的情感;较少攻击性,也很少发脾气,忍耐性强,注重伦理道德规范,在旅行中很少与人交往；在作旅游决策时反复思量与考虑，常犹豫不决，难以顺利作出决策。

②人格结构与旅游决策。1964 年，加拿大临床心理医生、著名心理学家埃里克·伯恩博士在其专著《人们的游戏》一书中，提出了新的个性结构理论。该理论认为人的人格由 3 部分组成，或者说是由 3 种自我形态构成。

父母自我状态——通过模仿自己的父母或相当于自己父母的人的态度和行为形成的一种状态，是一个人的意见、偏见、怎么办、是与非等方面信息的主要来源，以权威和优越感为标志。行为模式主要有：一为命令式，二为慈爱式。

成人自我状态——人格中支配理性思维和信息的客观处理的部分。行为模式主要有：询问式、回答式、提议式、赞同式、反对式、道歉式、总结式和破坏式等。

儿童自我状态——一个人最初形成的自我状态，是一个人的人格中主观情感和情绪，是欢乐、悲痛、好奇心、创造力、想象力，冲动性等的源泉，是完全跟着感觉走的行动者。行为模式主要有：一为自然式，二为顺从式。

人格的 3 个组成部分都参与旅游决策，在是否旅游、选择旅游目标、确定旅游方式、预算旅游花费等方面，3 个"自我"都会有不同的看法。只有二者互相说服，达成一致，才能作出旅游决策。由于 3 个"自我"在决策中所占的优势不同，对同一对象在不同的时候会产生不同的看法。

儿童自我富有好奇心和探索精神，依照情绪行事，喜欢怎样就怎样。容易被旅游所吸引，容易产生旅游的想法与动机，最容易被诱惑、被激发。一个人处于儿童自我状态的时候，往往容易产生外出旅游的计划与行为。在作出旅游决策时，通常都是感性思维较为明显。

当儿童自我提出旅游要求时，父母自我总是持保留态度或提出一系列质疑，尤其是对儿童自我的旅游欲望和动机持有很大的怀疑和否定态度，并且理性地企图说服。父母自我状态按规矩行事，记录了许多道德标准和行为准则，作任何决策都要用此来衡量，往往对儿童自我指责和发号施令。儿童自我产生旅游的冲动，父母自我就上来干涉，或者即使已经出去旅游，如果时间稍长，就内心感到不安、急于返回。

如果父母自我状态始终不同意儿童自我状态的旅游要求，旅游决定就很难形成。这时成人自我状态便会在父母自我状态和儿童自我状态中充当仲裁者的角色。成人自我具有理性，他面对现实，理智地看问题，在两者之间摆事实、讲道理，努力作出合理的、公正的、客观的决策。

总之，当一个人在作旅游决策时，他的思维经常处于 3 种自我状态的相互影响之中，常常是儿童自我提出要求，父母自我进行否定，成人自我旁边仲裁。人格作为人的复杂心理现象，对旅游决策产生深刻的影响。

2.2.4 学习对旅游决策的影响

现代旅游者正在从不成熟走向成熟,他们对旅游产品的知觉是建立在学习的基础上的,这一个决策的过程中包含着风险因素和未知因素,需要旅游者他们不断地学习,通过学习掌握知识、积累经验、形成习惯,为旅游决策做好准备。

1)学习的基本概念

学习的概念是复杂的,一个较为宽泛的学习定义是:个体通过后天经验而使行为或行为潜能产生较为持久改变的过程。

在这个定义中我们要关注3点:其一,行为或行为潜能的改变是学习发生的标志;其二,经验是学习发生的基本途径;其三,由学习所引起的行为改变是能够较为持久地保持的,暂时性的变化不能称为学习。

2)学习对旅游决策的影响

学习对旅游者的行为变化影响非常大。旅游者是不断学习的人,他们要不断增加和更新旅游知识经验,从而不断获得人生的乐趣。社会生活随着时代急速变化,旅游者也会通过不断学习来调整自己的相关行为。

(1)通过学习可以激起旅游欲望,从而诱导旅游决策

人的旅游欲望和动机不是先天就有的,是从后天的学习与经验体会中得来的。

在现实生活与工作的压力之下,人们出于健康、交往、成就、自尊等动机,常常要找一个发泄与解脱的途径,这时候在旅游广告或亲友经历等信息的影响下,很容易引发对旅游的需求,以求在诸如幽静处度假、新环境中交流或其他活动中调节身心状况。这样,可以激起旅游欲望,就可能由一个潜在的旅游者转变成为一个现实的旅游活动行动者,根据自己的情况作出旅游计划和预算从而积极进行旅游策划,最终作出购买决策。

(2)通过学习可以选择旅游形式,从而引发旅游决策

旅游形式是旅游活动过程中重要的决策影响因素之一,采用什么样的组团方式,和什么样的人一起游玩,采用什么样的方法进行等都是人们在旅游决策时要考虑的问题,一定程度上甚至可以影响到是否进行旅游行为。

若是采用以往的旅游形式,大多数旅游者可能都不愿意出去旅游,现代旅游者已不满足于以往的旅游形式,他们更具有开拓性和个性色彩。生活水平的提高使人们更多地参加旅游活动,从中学习和积累了丰富的旅游经验,表现出成熟与自信。现代旅游者也越来越趋向于摒弃那种无个性的大众化的旅游产品与形

式，他们希望按照自己的个性决定购买适合自己的旅游产品，选择多样化与主题化的旅游产品。在组团上更多地倾向于亲朋好友式；在内容上更多地选择由从前已具知名度的景点到自己去探索发现新的旅游胜地；在方式上更多地由从“走马观花”式的巡游到“下马赏花”式的滞留型旅游；在感受上更多地不再满足于只做一个旁观者，而是要求参与活动。旅游能够为人们提供学习和展示各种才能的机会，可以满足人们的欲望，达成人们的需要，发泄人们的压力，获得身心健康的平衡。

正是通过学习获知与掌握这一信息，使人们了解到旅游形式的多样性，可以满足自身的需求，从而促使人们愿意接受旅游这一活动，从而优选旅游形式，作出旅游决策。

(3)通过学习可以改变旅游态度，从而强化旅游决策

态度与欲望一样，不是生来就有的，它在很大程度上是以人们的意见、信念、需要和价值等为基础形成的。人们对日常接受的各种各样的信息进行分析与学习，会形成一定的观念与意见，这些观念与意见会帮助人们形成一定的态度。

态度是个体的心理倾向性，它是个体行为的内在准备，对个体行为具有强烈的促动作用，旅游态度的习得，很大程度上会使人们产生旅游行为，旅游态度的再习得，可以用以解释人们旅游行为再改变的原因。

当旅游者习惯于在旅游活动中获得各种满足后，他们会增强旅游行为的自觉性，从而使旅游成为一种习惯，更进一步坚定进行旅游的信心，从而直接强化了旅游者的旅游决策过程。

(4)通过学习可以引导消费观念，从而促进旅游决策

旅游者的消费观念对于旅游决策而言是至关重要的。旅游者的消费观念对旅游决策的影响是隐性的，并非外露的。旅游者消费行为取决于其旅游决策，而旅游决策又取决于旅游者的消费观念。

旅游者的消费观念是指旅游者对旅游活动本身的看法和观念，即认为外出旅游是一种什么样的消费活动。旅游消费观念的演进是一个自然成熟的过程，它的演进经历了从旅游是一种地位和身份的象征到旅游是一种基本的生活方式的变化。这种观念的演进往往和社会经济发展水平的提高、社会文化观念的演进紧密联系在一起。

随着经济和文化水平的提高，当旅游者意识到旅游逐渐地从身份地位的象征演变为现代人的一种生活方式，变成一种生活的必需品的时候，旅游者的消费决策更加趋向个性化、理性化，即更多的旅游者会根据自己的想法和需求去决定旅游的目的地、旅游活动方式等，并不关注他人是否喜欢，也并不一定认为旅游

代表着身份和地位。

通过学习引导消费观念的变化，除了可以让旅游者更多地了解和选择自己理想的方式、方法、成员、目的地等关心的资料，还可以更多地了解诸如消费水平、消费结构、消费方法、消费层次、消费潮流等内容，这些都直接影响着旅游者的旅游决策。

(5)通过学习可以积累旅游经验，从而支持旅游决策

经验是学习的源泉，旅游者从平时积累的经验中学习，一旦需要其作出旅游决策的时候，经验往往起着重要的作用，旅游者常常以同样的处理方式进行决策行为。学习是知识经验的获得与行为变化的过程，旅游者正是通过学习使自己成熟起来，21 世纪的旅游者与 20 世纪的旅游者相比已经发生了根本的变化，这主要就是旅游者学习的结果，他们通过经验积累的学习在结果上又常常促使经验更进一步得到积累。经验积累到一定程度以后，又往往会让类似行为成为一种习惯，在习惯的作用下，旅游者又会作出顺应性学习，形成反复的旅游行为。

此外如同其他消费品一样，摆在旅游者面前的旅游产品也是五花八门的、多种多样的，如何利用有限的金钱、时间去享受能够满足自己需要的优质旅游产品已经成为旅游者作出旅游决策时必须考虑的问题之一，这也就是要求旅游者学会区别相互竞争的旅游产品和服务，以及怎么样去对待在购买决定中所包含的风险和未知因素。产品和服务的变化，旅游者需求的变化，这些都迫使旅游者调整和改变自己的行为来适应变化的状态，而这种适应性正是通过不断地学习来完成的，即使是再有经验的旅游者也需要不停地学习新的旅游知识，与时俱进，以适应旅游环境的变化。

(6)通过学习可以消除旅游顾虑，从而深化旅游决策

旅游者在作出相应的购买决策以后，仍然有可能存在疑虑，有一种捉摸不定的感觉，在消费心理学中这种情况被称为购买后的失调，在旅游者的购买决策确定后发生的购买行为同样也会出现。旅游者如果不能够排除心理上的顾虑，就会在作出旅游决策时表现出心中无数、犹豫不决，拿不定主意，而且在实施旅游决策的过程中也会表现出疑虑和不安。在意识到决策风险后，会感知到巨大的心理压力，为了缓解这种心理紧张的状态，常常会改变主意或是取消预定的行动计划，因此，心理顾虑会对旅游决策产生重要影响。

通常旅游决策者意识到决策风险的原因主要是：购买目标不清、个人经验与知觉水平有限、对自己未来收入的信心不足、购买经验的缺乏、对同一事物的矛盾态度、群体伙伴的影响等方面。当他们感到有所顾虑或者说是不满意时，肯定不会购买旅游产品或服务，甚至有可能劝阻他人购买这种产品。

通过学习可以消除旅游者心中的顾虑。旅游者可以获得相应足够的旅游产品和服务方面的信息，在旅游购买决策过程中，如果对备选的旅游线路、交通安全、食宿条件与标准、旅游项目价格标准等方面进行充分、可靠的了解、比较和分析，对自己付出的开支是否划算、产品是否符合要求、价格是否上当受骗等作出充分的衡量与反复的判断，这样会使不确定感减少，甚至不存在不确定感。信息全面了，顾虑减少了，旅游决策也就很容易作出，与此同时，也能够强化和深化已经作出的旅游决策，坚定旅游者的信心，促进旅游者按预定的计划完成继续性行动。

2.2.5 社会因素对旅游决策的影响

在本章第一节的内容中，我们认识到了来自社会的影响主要有角色(性别、年龄和职业等)的影响、家庭(类型和生命周期等)的影响、所属团体(群体规范与压力等)的影响、社会阶层(教育和职业等)的影响和文化(价值和差异性)的影响。

1)角色因素对旅游决策的影响

(1)性别差异的影响

人的心理本质是社会存在的反映，性别的区分不仅是自然界长期进化的结果，更是社会分工所造成的，由于社会分工，男女在生活空间、社会联系、交往方式、思维定势等方面都存在差异。这些总体性而言的差异造成男女在选择消费目标、消费方式、消费结构、消费水平等方面各自有着不相同的侧重点，从而导致在作旅游决策时关注的方面不尽相同。

(2)年龄差异的影响

人的年龄可以区分为生理年龄、社会年龄和心理年龄。年龄不同，与社会联系的广度、深度和强度也就不相一致，年龄角色具有很大的差异。一般来说，人的三种年龄是相互适应的，儿童阶段在消费方面主要是纯生理偏社会性的需要，易受影响，决策一般是被动的；少年阶段在消费方面虽然有一定的独立性，对消费具备了初步的认识与理解，但仍然摆脱不了依赖性，消费行为不成熟；青年阶段在消费方面表现为自我意识增强，在购买时往往比较果断，追求时尚与新潮；中年阶段在消费方面表现为更加理性、更加务实，消费心理比较成熟；老年阶段在消费方面有着丰富的经验，注重怀旧与习惯感，追求方便与实用。不同年龄阶段的旅游者在决策时必然关注不相同的方面，也必然导致不同的决策结果。

(3)职业差异的影响

在旅游消费活动中，职业差异是十分广泛和突出的一个因素，不同职业的人必然有不同的社会地位、社会关系、生活习惯、价值观念和自我知觉。职业地位较高的比较强调生活享受、受人尊重，他们大多追求旅游产品的高品位和高标准；职业地位中等的一般注重产品与服务质量，强调情趣和格调，消费观念上比较自信，消费内容上比较新潮；职业地位较低者一般来说，很少外出旅游，他们关注的是参与、经历、认知与回忆。职业的不同导致了其消费需要、消费心态、消费行为、消费期望和消费价值等多方面的差异，这必然也对旅游决策产生较大的影响。

2)家庭因素对旅游决策的影响

家庭是社会最基本的单元，它是建立在婚姻、血缘关系上的，是具有亲密关系、共同生活、协调合作的小型团体。人们的消费方式、习惯首先是从家庭里学来的。随着年龄阶段的变化，家庭的文化气氛、家庭结构、家庭生命周期、家庭的经济状况等，都会影响到个人的旅游消费决策。家庭是影响旅游消费的重要因素，这种影响主要表现为两个方面：家庭类型与家庭生命周期。

(1)家庭类型

不同的家庭成员的地位和作用会有所不同，他们对旅游的决策会有差异。但就大多数情况来看，家庭与旅游决策主要有以下几种类型：丈夫对决策起主导作用，妻子对决策起主导作用，双方商量一方决定和双方商量共同决策等，每种类型的决策侧重点都不一样。此外，孩子也是家庭成员，孩子对家庭旅游决策在某种意义上也能起重要作用。旅游体现对子女的教育价值往往是家庭度假旅游最重要的动机之一。孩子在家庭旅游决策中，虽然不是直接的、决定性的，但这种间接的影响又是强烈的、不可忽视的。家庭旅游决策类型如表 2.2 所示。

表 2.2　家庭旅游决策类型

丈夫起主导作用的决策		妻子起主导作用的决策	
特点	丈夫对购买决策起主导作用并实施	特点	妻子对购买决策起主导作用并最后决定
决策内容	度假地点　住宿条件	决策内容	食品、服装等生活必需品
双方商量一方决定		双方商量共同决定	
特点	夫妻商量，一方做主最后决定	特点	夫妻双方都没有起主导作用，互相说服，互相妥协，最后双方商量作决定
决策内容	是否带孩子，度假时间长短、度假日期、交通工具，度假活动内容	决策内容	是否度假，旅游度假的花费

(2)家庭周期与旅游决策

家庭周期又称为家庭生命周期,就是将家庭按照其发展过程,划分成若干不同的阶段。家庭的发展变化意味着家庭消费随之变化。家庭生命周期阶段和购买行为模式如表2.3所示。

家庭周期的变化与旅游者决策的变化密切相关,家庭成员在不同年龄阶段所承担的责任以及他们的成长、经历、价值观念、兴趣爱好变化所导致的家庭生命周期直接影响着家庭每一成员的旅游决策。人口统计变量经常被用来区分家庭生命周期,比较常用的几个变量包括:婚姻状况;在家的子女人数;在家的子女年龄;家长的工作状况;等等。

表2.3 家庭生命周期阶段和购买行为模式

序号	阶段	特点	购买方向
1	单身阶段	年轻、不住在家里。几乎没有经济负担,新观念的带头人,娱乐导向	一般厨房用品和家具、汽车、模型游戏设备、度假
2	新婚阶段	年轻、无子女。经济比下一阶段要好,购买力最强,耐用品购买力高	汽车、冰箱、电炉、家用家具、耐用家具、度假
3	满巢阶段Ⅰ	最年幼的子女不到6岁,家庭用品采购的高峰期,流动资产少,不满足现有经济状况。储蓄部分钱	购买洗衣机、烘干机、电视机、婴儿食品、玩具娃娃、药品
4	满巢阶段Ⅱ	最年幼的子女6岁或超过6岁。经济状况较好,对广告不敏感,购买大包装商品,配套购买	各式食品、清洁用品、自行车、子女教育用品
5	满巢阶段Ⅲ	年长的夫妇和尚未独立的子女同住。经济状况仍然较好	新颖别致的家具、汽车、旅游用品、非必需品、保健服务、杂志

续表

序号	阶段	特点	购买方向
6	空巢阶段Ⅰ	年长的夫妇,无子女同住,仍在工作。拥有自己的住宅,经济富裕有储蓄,对旅游、娱乐、自我教育尤感兴趣,对新产品无兴趣	度假用品、奢侈品、家用装修用品
7	空巢阶段Ⅱ	年老的夫妇,收入锐减,闲在家	有助于健康、睡眠和消化的医疗保健护理产品
8	鳏寡阶段Ⅰ	尚在工作,收入仍较可观	住房、食品、药品和礼品
9	鳏寡阶段Ⅱ	退休。收入锐减,特别需要得到情感和安全保障	生活必需品、医疗用品

3)群体因素对旅游决策的影响

人生活在社会中总离不开群体,个人的观念、态度、行为都会受到群体的影响。旅游者也不是脱离群体而生活的个体,群体的成员,在行为上相互影响,相互依赖,并且由于相互影响必然使成员间具有互补性。群体的成员各自的观念和行为都会受到群体的文化观念、生活习俗的影响。因而,同一群体里的人群总是以一定的社会阶级为纽带相联结并和共同的文化相联系。群体对个体的活动、发展、行为规范势必产生影响。

群体的规范对其成员具有无形的约束力,这种约束力使得个体成员在心理上很难违抗,从而产生一种紧张甚至恐惧的心理状态。群体规范的存在,使多数群体成员都有共同的认识,对事物有共同的态度,这对每一个群体的成员自然会造成一种无形的压力。

一般说来,在群体压力下,人们往往容易产生社会从众行为、社会顺从行为、社会标准化倾向和社会助长作用。其中,社会从众行为指个人在群体中的行为表现,往往受到群体的无形压力,而且在认识倾向与行为方式上与群体中的多数趋于一致;社会顺从行为则是在思想上保留自己的观点,而又不在行动上违背群众的意志;社会标准化倾向是指个体在群体环境中,易趋向于统一标准;社会助长作用是指个体独自做某事时,往往不如和一群人一起参与的效率高。

群体对所属的群体成员都具有一定的行为约束力,从而给群体成员造成心理压力,在旅游决策时,这是每个旅游者都会考虑和顾忌的因素。

4）社会阶层因素对旅游决策的影响

社会阶层是由于受到收入水平、受教育程度、职业及地位声望等综合因素的影响，由一大批社会地位相对稳定、相对独立与大致等同的人构成的人群集合。

社会阶层是客观存在的。处于同一阶层的人有着相似的生活机会，对同一阶层的人怀有认同心理，在行为方式上表现出极大的相似性，他们有着相同的或相似的态度、活动、兴趣和其他行为模式，他们接触的旅游产品和服务也会比较相似。同一阶层的人相互社交的机会较多，外出旅游也以同一阶层的人结伴而行的居多。

社会阶层理论认为，任何个人或家庭所属的社会阶层，主要取决于教育和职业两个因素。除了上上层与下下层的人以外，财富与收入对一个人的社会阶层地位作用并不大。随着时代的变迁，科技革命的发展，每个人所属的阶层都是可能发生变化的，有的阶层可能上升，有的阶层则可能下降，每个社会阶层都有着自己特别的生活方式，从而表现其特殊阶层的价值、人生观及自我概念。

阶层是客观存在的，同一阶层的旅游者在旅游决策时具有相似的行为，不同阶层的旅游者决策时具有不同的行为。社会阶层所包含的职业、收入、教育水平等各个方面要素都可能对人们的旅游消费决策产生重要的影响。

5）社会文化因素对旅游决策的影响

文化是指共同享有的全部人类社会产品，包括物质文化与非物质文化。物质文化是一切由人类创造出来并赋予其意义的人工制成物体，例如衣服、景点、汽车等；非物质文化则是由比较抽象的创造物制成，例如语言、风俗、规范、信仰、价值等。文化是一个概念外延极大的社会现象，人是在社会文化的浸润下成长的，其行为必然受到社会文化的影响。

旅游者就是生活在特定社会的文化环境之下的个体。生活在不同社会文化环境中的旅游者受各自文化的熏陶与影响，以至于我们常常察觉不到我们的许多行为也都是从文化中习得的。不同文化环境下的社会在地域、习俗、道德、价值标准等方面不尽相同。与此同时，不同文化背景使得旅游者在作出和实施旅游决策时具有不同的表现行为。

文化的地域性使各地域内人们所创造出来的文化具有鲜明的地域特色，正是由于地域文化存在差异，人们才有兴趣，抱着求新求异的心理去了解和体会异域生活方式、行为习惯、民俗风情、社会形态等，促使旅游者作出外出旅游的决策。

文化的时代性也在不知不觉中影响人的旅游决策。不仅在不同的时代有很大差异性，就是同一时代的不同阶段也有很大的不同。具有不同时代特征的旅游者在进行旅游决策时考虑的重点是不一样的。

文化的传承性也使传统文化在慢慢地积淀中影响着人们的价值观、审美观。尽管时代发展了,但民族承袭已久的文化中的习俗、道德、价值等仍然在影响着人们的行为,传统文化的积淀对旅游决策的影响很大。

文化的价值观可以看成是指导行为和进行判断的最核心、最持久的信念,也可以把价值观理解为长期偏好的行为方式及信念。价值观作为一种行为标准,它告诉人们应该怎样做,或者应该持什么态度,人们可以有多种态度,但却只能有一种价值观。旅游消费与价值观之间有着明显的相关,持有不同价值观念的旅游者必然作出不同的旅游决策行为。

总之,文化环境因素是影响人们旅游消费决策的重要因素,旅游者文化背景的不相一致使其在旅游选择与决策的倾向性上存在着明显的差异,这些差异又对旅游者的旅游决策有深刻的影响。

本章小结

旅游者的购买行为总是在一定的旅游决策下发生的,旅游者购买或者消费旅游产品的过程,实际上就是旅游者作出旅游决策并实施的过程。把旅游者视为一个决策者有利于理解旅游者的消费购买行为。

当一个潜在旅游者决定外出旅游时,一定会作出一系列与旅游有关的决定。旅游者在作出旅游决定时,不仅受到旅游者本人的心理因素(感知、需要、动机、态度、人格、情绪、气质、性格和学习等)的影响,而且受到其所处的社会文化环境(包含政治、经济、文化、家庭、团体、角色和社会地位等)的影响。

在旅游者作出和实施这些决策的过程中,始终都存在着复杂的心理活动,旅游者的决策过程是一个复杂的心理活动过程。

复习思考题

1. 决策过程中体现出哪几个纵向行为阶段?
2. 影响旅游者旅游决策的因素有哪些?
3. 感知觉对旅游行为有什么影响?
4. 现代旅游行为的旅游动机主要有哪些?
5. 学习对旅游决策的影响有哪些?
6. 哪些社会因素会对旅游决策产生影响?

实训题

如何正确感知我们的顾客，让宾客接受与信任我们，为宾客做好服务？

实训目的：作为酒店工作人员，要想做到了解、懂得并尊重宾客，为宾客做到针对性的优质服务，就必须善于观察，正确地感知顾客，让顾客相信、信任和接受我们。把握住顾客的需要，尽可能提供适合于他们需要的条件和服务，这是做好旅游服务工作的一个很重要的方面。

实训时间：授课时间。

实训地点：教室或形体模拟室。

实训工具：中餐圆桌、长条桌、椅子等。

实训内容：我们可以从下面几个方面进行训练，以正确感知顾客，让顾客信任与接受我们。

A. 从外部特征训练观察（如相貌、体型、肤色、发型、服饰等），学会感性地认识顾客特征。

B. 从言语和动作训练观察（如言语、手势、走路姿势等），学会理性地理解顾客的意图。

C. 从形体上训练，练习站、立、行、走、坐等礼仪知识，给顾客职业感与安全感。

D. 从交际上训练，练习微笑、谈吐、手势、动作等社交知识，给顾客亲切与信任感。

实训方法：综合法。教师运用图片分析讲解，学生分组模拟情景练习，教师指出问题与不足之处，学生综合讨论评议。

案例分析

黄金周快到了，该向广大市民推出什么样的旅游产品呢？某旅行社通过对市民的心理需要进行调查分析发现，许多家庭出于让孩子增长知识开阔视野的需要，有带孩子一起出游的愿望，只是苦于没有合适的出游方式。对此，旅行社独辟蹊径，专门开辟了一条适合带孩子一起出游的家庭旅游线路。同时，他们一开始就树立“向孩子提供周到的服务而只赚家长旅游的钱”这样的经营思想，通过自身大量的工作和周到的服务，让家长把花在孩子身上的费用减少到最低限度。广告一经打出，报名电话便火爆异常。最终，此举赢得家庭的普遍称赞。

点评:该旅行社之所以取得成功,其主要原因在于真正了解到了旅游者的需要,消除旅游者的顾虑与风险意识,由旅游需要坚定推动旅游动机的产生,最终完成旅游决策行为。

家长们自己可以不选择外出旅游,但是当其有着让孩子增长知识、开阔视野的需要时,家长们很难忽略旅游这一适当的行为。旅游体现在对子女的教育价值往往是家庭度假旅游最重要的动机之一。孩子在家庭旅游决策中,虽然不是直接的、决定性的,但这种间接的影响又是强烈的、不可忽视的。家长在选择时,通常要根据孩子的特点和培养的目标作出决策。

此例中影响家长作出决策的因素是多种多样的,作出旅游决策的心理也是复杂变化的,在这个过程中,当家长有了旅游的需求,并不意味着旅游动机就能确立,如果没有相应的客观条件,某种需求仅停留在愿望上,这种愿望也就没有实际效果。而一旦当主客观条件具备,并能满足旅游需要时,旅游动机就得到强化,并由思想动力向现实转化,变成实际的旅游决策行为并坚定该行为。

家长的旅游决策行为是在旅游需要与动机的驱动下产生的。当产生旅游需要,坚定旅游动机以后,就会为实现旅游活动进行各种努力、准备和创造各种必需的条件,确定旅游活动的目标,搜集有关信息,选择旅游活动的内容和方式,确定旅游活动的日期,最终促使旅游活动的完成。

第3章 旅游消费心理

【本章导读】

旅游者一旦受到旅游吸引物的刺激，激发旅游动机，作出旅游决策，在选择好目的地后，就会对旅游吸引物价值的期望产生兴奋感并对旅游活动过程的不可知性形成紧张感。为了满足兴奋感和消除紧张感，唯有使旅游者消费体验达到最佳。旅游消费体验主要表现在旅游活动过程中食、住、行、游、购、娱六大项，它们组合成为旅游价值载体。

【关键词汇】

旅游消费体验　个性　人格

问题导入：为什么要研究旅游消费心理

旅游者离开居住地前往旅游目的地进行旅游活动，所产生的一切消费行为在心中的感受与体验，这就称为旅游消费体验。旅游消费行为包括饮食、住宿、交通、旅游吸引物价值、旅游商品、旅游娱乐等方面，旅游者虽然对以上项目进行消费时每个人的体验是不同的，但对六大项目的心理需求是有着共性的。因此，研究旅游消费心理共性，揭示旅游者消费心理活动和行为规律，为有效满足旅游者需求提供准则。

3.1 旅游者食、住、行的心理

3.1.1 旅游者"食"的心理

"民以食为天"。随着旅游业的发展，旅游者对饮食的要求越来越高。在旅游活动过程中，旅游吸引物的价值再高，然而在旅游时旅游者吃得不好，将会对旅游目的地产生极大的反差并深深烙印在脑海中，当其他关联者向他们提及该目的地值不值得一游时,他们会毫不客气地说:“吃都吃不好,景色再迷人也不能当饭吃,等什么时候你打听到该地能够吃得好的时候再去旅游吧!”。可见,饮食在旅游者旅游消费体验中的重要性。旅游者所认为的吃不好,一般是菜肴质量差,就餐环境恶劣,服务态度差等。那么,旅游者“食”的心理标准到底怎样?

1)就餐环境干净舒适,服务态度优良

旅游者一进入就餐地,首先是对环境的感知,如灯光是否柔和、地面是否洁净、温度是否适宜、桌椅是否整洁、餐具是否完好、服务人员的仪容仪表是否整洁、服务技能是否娴熟、服务态度是否优良等。如果看见的是苍蝇飞舞、污渍斑斑、餐具破损、冷漠面孔的就餐地,不用说旅游者肯定会大倒胃口,恐怕即使再饿连进去的勇气也会消失殆尽了。

(1)外观醒目,地面洁净

旅游者喜欢餐厅外观醒目,一是便于发现,二是能够很快分辨经营的菜肴品种(主要指是以哪个菜系为主)。地面洁净无污渍,不打滑,避免客人摔跤。

(2)灯光柔和,温度适宜

进餐的灯光必须柔和,温度一般在22~25 ℃最适宜客人进餐,空气清新,通风设施好,噪声小。

(3)桌椅整洁,餐具完好

就餐桌椅及餐具一定要整洁,色彩与款式应与室内主色调协调,给人以美的享受。

(4)笑脸相伴,技能一流

服务人员笑容满面,热情迎送客人。服务技能娴熟,动作优雅,往往给客人愉悦的感受。

2)菜单精美雅致,菜肴色香味形养俱全

环境优雅,服务一流,只能满足旅游者愿意在此进餐的需求,而真正能让旅游者满意,菜肴的色香味形养才是关键。如果一家富丽堂皇的餐厅,没有独到的风味,想让旅游者青睐会很难。但一家菜单雅致,菜肴质量高的餐厅即使不华丽也会成为旅游者追捧的对象。

3)菜肴搭配合理,探求制作过程、营养与典故

菜肴搭配应合理,盛菜器皿应依菜型并与全部菜肴相匹配。每一道菜的制作、营养与典故是旅游者所追求的。

【相关链接3.1】

中华文化博大精深,饮食文化更是丰富多彩,许多外国游客品尝中国菜,见了色、香、味、形俱佳的菜肴,赞不绝口,胃口大开。在餐桌上看到这些菜,就像是见到了一件件精美的工艺品,不忍心把它吃掉,有的用照相机拍照留念,有的请主人介绍它的名称、来历、制作方法、特色等,他们听得出奇、神采奕奕。的确,中国菜融实用性、知识性、艺术性于一体,不仅味美、营养丰富,而且菜名颇具诗意。首先令人耳目一新的是一道"金钱遍地",这菜名豪华气派,实则是金黄的冬菇摆在翠绿的青菜上;粤菜"龙凤呈祥",多么喜庆吉祥的名字,原来是鸡、蛇一块烧煮而成;用母鸡炖甲鱼,真是逗趣谐谑,美其名曰"霸王别姬",令人大饱口眼之福。服务员又捧来一盆清香四溢的酿豆腐,已有饱意的客人一箸未动,服务员微笑着说:这道菜是明朝开国皇帝朱元璋最爱吃的御膳宫食。一听说是皇帝吃的御膳,几位外国朋友顿时雀跃,筷勺齐上,一盆酿豆腐一扫而光。说实话,这道菜用料平常,就是用豆腐裹挟玛瑙肉糜精工烹调而成。其特点是过油而不腻,汤浓而不黏,外脆里嫩,甜中透鲜,汁若琥珀,形似金元,营养丰富,延年益寿。初次品尝这道菜,饱享口福,获取知识,实是受益匪浅。

4)体味地方特色与民族特色饮食

旅游者到异地观光游览,在领略旅游目的地的优美景色的同时对当地的民族与地方特色饮食的渴求与了解本身就是一项非常重要的吸引物。饮食的地方特色与民族特色越浓郁,与旅游者居住地差异性越大,旅游者的体验就越深刻,旅游者的心理满足感与愉悦感就越强。

【相关链接3.2】

中国疆域辽阔,民族众多,自古就有"十里不同风,百里不同俗"之说法。各民族由于居住地区的自然环境不同,生产活动、生活方式、历史进程、宗教信仰、风俗习惯的差异,因此,其饮食来源、制作、器具、礼俗、饮食观念和思想等也迥然不同,从而形成了各自的饮食文化模式。如满族八大碗:雪菜炒小豆腐、卤虾豆腐蛋、扒猪手、灼田鸡、小鸡胗蘑粉、年猪烩菜、御府椿鱼、阿玛尊肉;纳西火锅;蒙古养背子;白族三道茶、生皮;苗家酸汤鱼;朝鲜族冰脸、泡菜;傣族竹筒饭、香茅草烤鱼;东乡手抓羊肉、土豆片;高山族烤鹿肉;哈尼族"白旺"、长街宴;俄罗斯族红焖肉饼;维吾尔族手抓饭;壮族五色糯米饭;回族八宝饭;等等,各具特色,令游客对"舌尖上的民族"垂涎三尺,回味无穷。

3.1.2 旅游者“住”的心理

出门在外,一是吃,二是住,旅游者如果外出旅游本来身体就处于紧张状态,耗费大量体力,即使吃得不错但若是休息不好,甭说无法继续游览下去,而且会感觉花钱买罪受。那么旅游者对“住”的需求主要体现在哪里呢?

1)安全舒适,干净整洁

旅游者对住宿的第一需求就是,安全舒适,干净整洁。住宿环境安全舒适,设施设备方便实用,房间干净整洁,一方面让旅游者有“家外之家”的感觉;另一方面可以消除旅游者旅游时的疲劳,恢复体力,便于继续游览。

2)安静怡人,交通便利

旅游者需要一个相对私密的空间,不愿意让人打扰,因此,住宿的房间隔音设备一定要好,给人以安静祥和的感受。此外,服务人员无论是做客房还是给客人服务一定要注意三轻(走路轻、说话轻、动作轻),切忌在走廊喧哗,若遇到喧哗的客人一定要上前委婉警示,给绝大多数客人以宁静的空间。

交通便利是旅游者考虑入住的一个非常重要的因素,尤其是商务客人更是注重。没有便利的交通作支撑,旅游者是没有办法入住并观光游览的。

3)安装多能,细心关怀

这一层次往往是旅游者所感受的最高境界,也是旅游者无法用言语表达的一种体会。随着现代科技的发展,人类已经进入信息化时代,信息化带给人的是无比的方便与关怀,房间布置的每个细微之处让旅游者的感受是完全不同的。如壁画、墙纸、灯光、装饰、小酒柜、小冰箱、小洗衣机、网线、简易桑拿等,无不潜移默化地感染着旅游者。此外,其他如温馨提示、总经理箴言、超常服务等细心关怀更能满足旅游者受尊重的需求,使旅游者心情舒畅,流连忘返。

【相关链接 3.3】

现代科学技术日新月异,旅游者需要最新的、最便利的、最有价值的体验。浙江黄龙饭店为了提高游客体验,解决管理效率,实施 RFID 技术,打造智慧酒店。运用自助化的入住登记系统,利用移动终端,满足相当一部分客人在房间入住的需求,这种体验是高效的。针对饭店是塔楼式的,散开的,运用智慧导航,直接引领游客便利入住,这种体验是方便的。运用门禁系统,让宾客能够迅速看清敲门者或者按门铃者,便于作出准备。运用互动服务电视系统,酒店精心准备杭州的山水、浙江的人文、酒店的介绍、城市的指南,所有的电子机器都会将其智能切换翻译成八国语言，满足不同国籍客人的需要。导航手机、床头耳机、床头眼罩、DVD播放器、电子连接线及插孔、音乐背景系统、雾化玻璃更彰显人性化，大大方便了旅游者。开发APP，培养忠诚的游客，将积分、使用、体验捆绑在一起，实施会员制。这就是智慧酒店的典范，也是酒店业发展的趋势。

3.1.3　旅游者"行"的心理

旅游者出游对"行"的总体要求是安全、舒适、便捷、高效，表现在心理上：一是出游时选择交通工具的组合；二是对空间距离的感知。

1)交通工具的组合

(1)洲际旅行多选择飞机或豪华游轮

任何一位旅游者一旦作出洲际旅游的决策，选择的交通工具一般为飞机或是豪华游轮。因此，此类旅游者对航空公司或游轮公司相关资料和数据的考察相当重视。

旅游者对航程公里数的要求非常高，尤其是航空公司或游船公司的资质与信誉，更是旅游者选择的标杆。

(2)国内旅行组合多样

①长距离首选飞机。旅游者若前往1 000千米以上的旅游目的地旅游，在通常情况下会首先考虑飞机旅行，倘若遇上航空公司机票优惠就会更加促使旅游者的决策。因为，飞机这一交通工具给予人们最大的便利是使行程非常快捷，可以节约旅游者旅行的时间。但是，飞机旅行一般比较昂贵，往往会增加旅游成本，因此，商务旅行者多会选择。

②中距离首选火车。旅游者若前往500～1 000千米的旅游目的地观光游览，若是有火车到达的，首选肯定是火车。随着现代铁路运输的发展，火车已从燃气时代进入高铁时代，运行速度大大加快，缩短了人们心理的距离。高铁不仅仅是一种交通工具，更重要的是它提高了整个旅游的速度与效率，高铁打开了旅游新空间。对于以火车之旅为主的旅游产品来说，带来了发展新机遇。高铁时代对旅游提出新要求。高铁的快速发展，不仅仅改变了散客与团队客人的市场份额比例，越来越多的地接社(目的地为主的旅行社)开始直接面向客源市场进行营销与宣传。高铁时代旅游信息服务等许多方面都对传统旅游提出挑战，在此前提下，很多业态也发生了变化，也必然创造了新的行业机会。

③短距离首选汽车。短距离是指旅游目的地离旅游者居住地在500千米以内的，一般旅游者会选择豪华舒适的汽车进行旅行。

当然，旅游者真正要完成一次旅游活动，只有借助各种交通工具的组合才能实现。旅游者在选择旅行交通工具时往往与个人偏好相关，性格保守、内向的人士一般会选择安全性高、价格低的交通工具出游；性格开朗、外向的人士一般会选择快捷、舒适的交通工具出游。

2）对空间距离的感知

由于旅游者是社会人，在作出旅游决策时，经济因素和时间因素是制约旅游者的关键因素。如果旅游者选择的旅游目的地空间距离远，费了九牛二虎之力才到达，却只用了半天时间就观赏玩了，就会产生失落和郁闷的心情。

因此，旅游者对空间距离的感知取决于旅游者对旅游目的地信息的掌握度，掌握的信息量大，信息面宽，信息真实，对空间距离感就越小；反之，就会越大。

3.2　旅游者游、购、娱的心理

旅游者食、住、行的需求在旅游活动中为基本的一般性需求，真正在旅游者心中具有核心价值和超常价值的需求乃是游、购、娱。

3.2.1　旅游者“游”的心理

“游”的心理体现旅游者作出决策的终极价值，是旅游活动中最核心的目的。如果说“行”是以空间位移为主要特征，那么“游”就是以时间流动为主要特征的。旅游者实施旅游活动，换言之，就是对“游”的新奇、生动、神秘、特殊、积淀的向往。

1）新奇

心理学研究表明，人的注意力和兴趣往往是由新异刺激物引起，人的情绪和情感常常会被新鲜离奇的事物所触动。可见，旅游者希望在旅游活动中获得新鲜的经历和体验已成为普遍性的心理需求。

旅游者若在旅游目的地感受到新鲜的场合、奇特的景致、陡转的格局、变幻的情节，见所未见、闻所未闻的出人意料的外在事物，自然能够诱发浓厚的观赏兴趣，赞不绝口，感慨不虚此行。

2）生动

生动就是要求旅游目的地充满生机与活力，让旅游者洋溢着生命的激情。

旅游者对旅游吸引物的生动需求首先表现在景物的变化上,旅游者欣赏到的景致应是富于变幻的,跌宕起伏,变化莫测,时而鸟语花香,时而天籁无声,起承转合应有尽有;其次,旅游者感受到的,如旅游目的地居民的饮食、衣着、民俗风情,尤其是导游员生动的讲解更是加深吸引物印象的关键;再次,旅游活动的安排上,应该张弛得当,有序幕、发展、高潮、结尾,内容充实,特色鲜明,时时牵引着旅游者的神经,焕发旅游者生命的活力。

3)神秘

旅游活动中神秘感的形成,一方面取决于旅游吸引物所承载神话传说的渲染与烘托;另一方面决定于旅游者丰富的想象力与创造力。一旦山水景观融入光怪陆离的神话传说,交织莫名其妙的惊畏感受,就会获得极大的旅游吸引力,博得游人探幽览胜的兴致。

自然风景或人文景观只要渗溶着神秘性,那景致无形间就融合进了非理性的、超自然的、冥冥不可知的泛神意识,呈现出海阔天空、深邃幽远的境界。眼前的山水草木蒙上一圈圈迷幻的光环,在旅游者心理上产生一种迷幻游离、若隐若现却又摄人心魂的景象。

【相关链接3.4】

在新疆若羌县东北部,有一处被称为罗布泊的地方。它干涸以前,面积曾达5 604平方千米,沿岸生长着大片胡杨林。当中原地区进入新石器时代时,罗布泊沿岸已有了远古居民,他们的生活依赖于渔猎或游牧。

楼兰就位于罗布泊的西岸,塔里木河与孔雀河从西向东流出沙漠,经过楼兰注入罗布泊,河流两岸水草丰美、田地肥沃,滋养着楼兰的历代苍生。

楼兰国的远古历史至今尚不清楚。楼兰名称最早见于《史记》。《史记·匈奴列传》记载,大约在公元前3世纪时,楼兰人建立了国家,当时楼兰受月氏统治。公元前177年至公元前176年,匈奴打败了月氏,楼兰又为匈奴所辖。

汉武帝时,张骞出使西域,开通了丝绸之路。汉代早期丝绸之路,曾有过两条路线:一条由阳关西行,经罗布泊西北岸至楼兰南下,再沿丝绸路南道西行;另一条经楼兰后,西行至焉耆,沿丝绸路北道前行。楼兰扼守南北两道之咽喉,汉使、商旅的频繁往返,都要路经楼兰。当年的楼兰,驼铃悠悠,商贾不绝,一派"七里十万家"的繁荣景象。

然而到了公元330年前后,这里城郭巍然,而人烟断绝。一种被多数人认同的说法是:由于孔雀河改道,塔里木河断流,其下游的楼兰地区水源枯竭,屯田生产无法进行。没有了水源的楼兰,居民的生计也难以为继,楼兰人纷纷离开故土。

公元400年，高僧法显西行取经，途经此地，他在《佛国记》中说，此地已是“上无飞鸟，下无走兽，遍及望目，唯以死人枯骨为标识耳”。楼兰——这座丝绸之路上的重镇在辉煌了近500年后，逐渐没有了人烟，在历史舞台上无声无息地消失了。

根据楼兰出土的分别距今约4 000年和约2 000年的墓葬，考古专家向人们揭示了楼兰的历史：上溯4 000年左右的一段时期，这里生活着一支以游牧为生的原始欧洲人种，他们留下几具干尸，就神秘地走了。其后的2 000多年，楼兰找不到一丝留痕，史书中没有半点墨迹。

晋代时期，楼兰地区出现了蒙古人。这时的楼兰演绎出农业文明，并以其在丝绸之路上的重要地理位置，传递着东西方文明。而在晋代之后的若干世纪，楼兰再次消失得无影无踪。直到100年前，人们才在塔克拉玛干沙漠的东缘，偶然看见了楼兰残破的城墙。

4）特殊

旅游者外出旅游最大的驱使力就是感受旅游目的地的特殊性。所谓特殊性就是旅游吸引物的独具一格的特性。如以黄帝之山著称的黄山风景区，坐拥奇松、怪石、云海、温泉这“四绝”而闻名遐迩，吸引着大量的中外游客来此观光。

旅游活动能够长期持续开展下去，就必须开掘旅游吸引物内蕴的带有垄断性的品质。“人无我有”“人有我特”的独创品格才是垄断价格形成的根源。如果在有限的空间范围内策划构建彼此雷同的大型旅游区，那肯定会成为旅游规划之败笔。因此，旅游吸引物的特殊与吸引力呈正相关性，差异性越大吸引力就越强。

5）积淀

旅游者对旅游吸引物的内在历史痕迹积淀厚薄的关注发端于人类历史回溯性的寻“根”意识。越是现代化的社会，似乎越是钟情于不可回复的往日故事，越是对已经成为历史陈迹的古代文化难以释怀。河姆渡遗址、兵马俑、京剧、园林，它们的价值正在于它们所积淀凝聚着不同的历史文化内涵。

旅游吸引物的积淀越丰富，历史越久远，越具有审美价值，也就越能吸引旅游者前往。

【相关链接3.5】

水润甘州，金耀张掖。多彩的张掖，永远是迷人的。美绝人寰、鬼斧神工般的七彩丹霞，集石窟艺术、祁连山风光和裕固族风情于一体的马蹄寺，幽长古道，令人神往的古丝绸之路上的古城、古村、古堡……以及雪山、冰川、森林、草原、绿洲、湿地、戈壁、荒漠等自然景观,东西灰山遗址、黑水国、明海古城、永固城、八卦营等人文景观,构成了金张掖美丽的画卷。

悠久的历史、灿烂的文化、厚重的积淀,给古城甘州留下了极为珍贵和丰富的文化资源。在这块土地上,存有大佛寺、西来寺、鼓楼、山西会馆、民勤会馆5处全国重点文物保护单位,省级重点文物保护单位6处,重要历史地段2处,新发现古民居9处……这些珍贵的历史文化遗存,独具风采,各赋神韵,与老城区方形城市格局、棋盘式道路骨架及街巷格局和空间尺度,共同形成了“一城山光,半城塔影,苇溪连片,古刹遍地”的古城风貌。

张掖依托独特的西域佛教文化、民族民俗文化、黑河湿地、丹霞地貌、祁连山自然风光等优势资源,加大力度对各类文物保护单位和馆藏文物进行重点保护,积极挖掘、保护具有地方特色的文化艺术、民风民俗等非物质文化遗产,着力保留张掖历史文脉的重要节点,以此激活古城文化元素,催生文化产业,带动关联产业快速发展。

3.2.2 旅游者“购”的心理

旅游者外出旅游花钱所买到的往往是一种体验与感受,正因为旅游消费的特殊性,旅游者对于能够唤起记忆的有形的旅游商品情有独钟。旅游者在“购”物过程中追求旅游商品的新、美、名、实、廉、趣。

1)求新心理

旅游者购物往往追求商品的新颖、奇特与是否符合时代潮流。旅游者“喜新厌旧”心理是旅游消费领域中的一个主要现象。在时间的长河中没有一样东西是青春永驻的,任何商品都不能始终保持旺盛的生命力。当然,某些特殊的商品如文物、古董、珍藏的艺术品,它们虽能够长久保持生命力,但“物以稀为贵”,仍符合求新奇的动机。新奇、新异、新颖的旅游商品受到大多数旅游者追捧,旅游者喜欢追求花色新、款式新、质量新、质地新、情趣新的旅游商品,以满足求新的购物心理。

2)求美心理

爱美,追求美是人的天性。旅游购物求美心理是旅游购物者对旅游商品要求具有审美价值的购买倾向。旅游者离开居住地到异地体验旅游,既希望能欣赏到美的景观,也希望能购买一些富有美感、具有地方特色和代表意义的旅游商品。

3)求名心理

求名就是为显示自己的声望与地位。旅游者购物求名心理要求旅游者购买的旅游商品能够炫耀自己,显示自己的地位、名望与威信。具有求名动机的旅游者对旅游商品的效用与价格不太重视,往往重视旅游商品的威望、象征意义与纪念意义,并且购买决定常常是在感情冲动的情况下作出的。旅游者购买旅游纪念品,大都有求名动机:一为纪念旅游活动;二为向亲友、熟人、同事显示自己曾有过到该旅游景点的经历,从而获得他们的尊敬与羡慕;三是为显示能力、名誉与地位。

4)求实心理

实就是实用、实效。旅游购物求实心理是旅游购物者注意商品实用价值的一种动机,其核心是讲究实惠、耐用。具有求实心理的旅游者在购买时对商品的外观并不十分注意,一般也不受或少受广告的影响。这类旅游者往往具有保守型的消费倾向,囿于传统习性与个人消费经验,购买满足其基本生活需求的商品,对新产品难以建立信任感。绝大多数旅游消费具有两重性:外部消费讲究美观并注重与环境适应;内部消费注重实用、实惠与健身。在旅游过程中,旅游者、尤其是中低收入的旅游者购买所需日用品时,特别注意商品的质量、效能与用途,要求商品经济实惠、经久耐用、使用方便。

5)求廉心理

旅游购物者都希望所购商品价格低廉,尤其是价廉物美。怀有此类动机的旅游者在购物时,主要精力都放在价格上,希望能少花钱购买具有同等价值的商品,对于商品包装要求不高,喜欢买简装商品甚至是不包装的商品,这样既节省开支又不影响使用。诚然,旅游活动是一种高级的、高消费的享受活动。为了与从事这种活动的身份相称,旅游者通常不会像平时普通消费者那样过分追求廉价,只要认为商品物有所值都会作出购买决定的。

6)求趣心理

旅游购物求趣心理就是旅游购物者依据自身兴趣与偏好来购买旅游商品。由于旅游者具有不同的专业知识与专长,以及各自的生活经历与生活情趣相异,这样也就形成了各自特殊的爱好,在购买旅游商品时常常关注与自己爱好有关的特殊商品,一旦时机成熟便毫不犹豫地购买。例如:旅游者有的热衷于搜购各国邮票、邮戳,有的到处寻购古玩,有的喜欢买有当地标志的纪念品,这类动机往往是比较稳定、比较持久的,是习惯性的。

【相关链接 3.6】

重庆的丰都，素以鬼城而闻名。当地有一种树木，名为黄桷树，其叶子长而宽大，叶脉清晰具有装饰性。在漫长的岁月里它就在那里静静地生长着，人们并没有注意到它的特别和不同。直到有人发现了它所蕴藏的艺术性，通过加工将其叶子制成薄如蝉翼、叶脉清晰的原材料，又在上面施以彩绘题材，以鬼城传说为主，名为叶脉画。其产品具有"新、美、名、实、廉、趣"之特点，成为旅游者追捧的旅游纪念品。然而，设计者们并没有满足，尝试在叶脉上刺绣。这无疑是异想天开，虽然经历无数次的失败，但是他们锲而不舍、历尽艰辛，终结硕果。见过其叶脉刺绣的无不啧啧称奇，现已成为当地最具代表性的旅游纪念品，畅销海内外。把看似无用的叶子赋予了新的生命，做出了大文章。如果不具备发现的眼光和想象力、创造力，也许黄桷树还会在那里默默无闻地生长着，永远也不会为人所知。这些通过发挥想象力，就地取材所开创的特色旅游纪念品，能够充分发挥自身优势，扬长避短，一举多得，成为具有个性和本地特点的旅游纪念品。

3.2.3 旅游者"娱"的心理

娱乐可被看成一种通过表现喜怒哀乐，或自己和他人的技巧而与受者喜悦，并带有一定启发性的活动(Bryant & Miron,2002)。娱乐是人的一种本能需求，是人的肌体和精神实现良性循环的辅助性元素。特别是当今随着生活节奏的加快，人们对娱乐的需求越来越强烈。旅游娱乐项目往往能从旅游者的心理出发，放松心情、释放压力、消除紧张等。

1)方式得当

由于旅游者年龄、性别、职业及身体状况的不同，对娱乐的方式要求不同。年轻人喜欢轻快活泼，老年人适应悠闲缓慢。旅游娱乐方式应根据旅游者的具体情况安排有益于身心健康的娱乐活动。如到云南旅游的游客，一定要去欣赏一下《云南印象》，领略风情独具的民族歌舞。

2)内容多样

旅游娱乐项目应多样化，内容丰富，特色鲜明。这样可以增强旅游者的游兴，充实旅游生活，减缓旅游疲劳，焕发新的活力。

3)节奏适度

旅游者要求旅游娱乐活动节奏适度，游的过程本身比较辛苦，若是不注意节奏性，往往会适得其反，不但消除不了旅游者的疲劳，反而加重旅游者体力和精力的透支。因此,旅游者会对节奏适度、特色明显、轻松舒适的娱乐活动产生较高的兴趣。

4)活动适量

在一次旅游活动过程中,如果娱乐活动占的分量过大会使旅游者厌烦和倦怠。旅游者出游占用的时间是非常宝贵的闲暇时间,希望能够充分利用并获得大量值得一提的体验和经历,若是人们在自己的常住地能够感受到的娱乐活动千万别安排,那样会引起游客的不满,给旅游目的地留下不良印象。

3.3 旅游者的差异性与旅游消费

德国数学家、哲学家莱布尼茨(G. W. Leibniz)曾经说过:"世界上没有两片相同的绿叶。"同样,在人类世界里也不存在完全相同的两个人,哪怕是长相一模一样的孪生兄弟,事实上也存在着差异。正因为这种差异的存在,才使得旅游者的消费千差万别。

3.3.1 旅游者的个性差异与旅游消费

在心理学中,个性是一个人的整个心理面貌,即具有一定倾向性的各种心理特征的总和。个性的心理结构由个性倾向性和个性心理特征两部分组成。个性倾向性是人进行活动的基本动力,是个性结构中最活跃的因素,包括需要、动机、兴趣、理想、信念和世界观等,主要在社会化过程中形成。个性心理特征是指一个人身上经常地、稳定地表现出来的心理特点,包括气质、性格和能力,它们在不同程度上受生理因素的影响。

1)个性倾向与旅游消费

由于旅游者旅游活动的倾向不同,旅游者个性可分为外倾型和内倾型两种。外倾型旅游者的心理活动倾向于外部,对外部事物非常感兴趣,表现出开朗,活泼,善于交际,情绪外露,不拘小节,进取心强,适应环境快等特点;而内倾型旅游者的心理倾向于内部,其性格沉静,缓慢,孤僻,做事畏缩,害羞,适应环境能力较差。当然由于其个性的不同,从而旅游消费的意识也不同,前者对旅游活动要求节奏快、新颖刺激性强,重视娱乐与购物,注重旅游所带来的奇异体验;后者对旅游活动的安排是否细致周到很关心,对于食宿环境卫生的考虑较多,不愿尝试新的旅游活动项目,更不用说风险高、刺激性强的活动了。

2)活动方式与旅游消费

根据旅游者的行为活动方式的不同,将旅游者的性格分为果断型和温和型。果断型旅游者个性特征表现为:旅游消费欲望强,性情急躁,处事果断,争强好胜,不服输,总是先通过各种渠道将旅游目的地进行全方位了解,时间性强,说话急促,不耐烦别人啰唆,很自信,往往事必躬亲,游览时喜欢直奔主题,对周围事物不注意,或不感兴趣。对此类旅游者应避繁就简,多询问,由他们拿主意,尤其注意避免硬碰,切忌轻易激怒他们,当他们发火时应采取冷处理,待其冷静下来再进行说服教育。温和型旅游者个性特征表现为:待人随和,很少生气发火,易满足现状,喜欢生活自由舒适,旅游时往往慢慢欣赏,将旅游目的地的所有特色都细细品味,求知欲强,时间性差,旅游消费往往注重实效性。对此类旅游者应耐心讲解,给其思考的时间和机会,不应逼迫他们急于表态,多关怀、体贴为宜。

3)个体独立性与旅游消费

根据个体的独立性将旅游者分为独立型和顺从型。对于独立性的旅游者,他们往往临阵不慌,处事果断,易于表现出自己的力量,在旅游时多提供一些需要独立思考、独立发现问题和解决问题的机会给他们,让他们对旅游消费感兴趣。对于顺从型的旅游者,他们易附和大众的意见,没有独特的见解,在旅游时细致安排各个环节,避免紧急情况或意外出现,以免造成不必要的情绪波动,影响旅游消费。

4)理智、情绪、意念在旅游消费中的优势

由于内外界环境的不同,每个旅游者心理活动中理智、情绪、意志在旅游消费中所占的优势也常常不同,按照这一特点,可分为理智型、情绪型和意志型。理智型的旅游者,在旅游消费时多冷静地进行思考、推理,以理智衡量、支配自己的消费行为。情绪型的旅游者,情绪占旅游消费活动的主观优势,因而情绪体验深刻,不善于思考,其言行举止易受情绪左右,处理问题时易感情用事,旅游消费盲目、冲动。意志型的旅游者,很难揣摩他们的旅游消费倾向,无论是多大或多小的决定,都会经过严密的分析,很自信,对任何人或事都怀疑,但只要自己决定的会义无反顾地执行,不达目的绝不罢休。

3.3.2 旅游者的人格差异与旅游消费

人格是个体在先天素质基础上,在一定的社会历史条件下,通过社会交往形成和发展起来的、带有一定倾向的、稳定的心理特征的综合。人格是全面整体的人,是持久统一的自我,是有特色的个人社会化的个体。人格特质是一种能引发人们行为和主动引导人的行为,使个人面对不同种类的刺激都能作出相同反应的心理结构。

1)人格特质论

奥尔波特(G. W. Allport)是最早对人格特质进行科学研究的心理学家。他认为,人格特质是一种神经——心理组织,除了能对刺激产生行为外,还能主动地引导行为,影响着人的行为的最终实现。例如,具有谦虚特质的人,在不同的情境中会作出类似的反应:当他和领导一起工作时,会做出小心、谨慎、顺从的姿态;当他访友时,会表现出文雅、克制;当他遇见陌生人时,会显得害羞、尴尬。又如,具有强烈攻击性特质的人,在不同的情境中也会作出类似的反应:当他与别人一起工作时,通常表现出盛气凌人或专横跋扈;在体育竞赛中则会表现出竞争性强、勇夺第一的特点。反之,具有不同人格特质的人,即使对同一刺激物,反应也会不同。一个具有友善特质的人与一个具有怀疑特质的人对陌生人的反应可能是两样的。

奥尔波特将人的特质分为三大类:那些几乎影响着个人全部行为的特质,叫主要特质;那些用来刻画一个人的特性的倾向,叫中心特质;那些对一个人的人格结构影响不大的特质叫次要特质。主要特质具有极大的渗透性和弥散性,它在人格结构中处于支配的地位。次要特质对行为的渗透性极小,它接近于习惯和态度,但比习惯和态度更具一般性。比如旅游者小张在旅游团队中助人为乐、关心团队、关心他人是他的主要特质,而爱吃甜食是他的次要特质。因此,个人特质是旅游特殊消费的原动力。

2)不同人格类型的旅游消费特点

美国的帕洛格博士按照人的兴趣、注意力的集中点,把旅游者的性格划分为安乐小康型、追新猎奇性和介于两者之间的中间类型三类。他认为典型的安乐小康型旅游者很注意旅游服务中的细节完美,在选择旅游目的地的时候,更愿意去传统而成熟的旅游度假地,他们对国内知名的诸如“世界遗产”、5A 旅游景点等非常感兴趣,而且出行一般和家人、朋友一起。追新猎奇性旅游者性格开朗,富有冒险精神和探索的欲望,好奇心和自信心强烈,对于传统的旅游景点缺乏兴趣,希望去一些人迹罕至的地方,更愿意在旅游途中结识更多的陌生人,喜欢根据自己的心情随意游览,不喜欢被导游牵着鼻子从一个景点匆匆赶往另一个景点。在国内,这部分旅游者主要选择背包出行,目前已经有相当多的户外俱乐部都在开展这类旅游项目吸引他们。3 种不同人格类型的旅游者需求特点差异如表 3.1 所示。

表 3.1 3 种人格类型的旅游消费特点

类 型	主要旅游目的地	出行方式	与旅游企业的关系	活动量
安乐小康型	传统成熟的景区	旅游团出行	旅行社全包	小
中间类型	新开发的景区	散客	由旅行社安排部分行程	中等
追新猎奇型	未开发的景区	背包旅行	不购买旅游产品	大

帕洛格还指出，追新猎奇型人格的旅游者，往往也是新旅游地的发现者，是旅游者大军的侦察兵。安乐小康型人格的旅游者，在经历一段较长时间以后，也会步追新猎奇型人格的旅游者的后尘，陆续涌到前者曾旅游过的地方。

3.3.3 旅游者的社会差异与旅游消费

旅游者所处的社会阶层、家庭、文化的不同，影响着旅游者的消费行为。

1)社会阶层差异对旅游消费的影响

所有已知的社会都有几种层级系统，它们代表着社会内部地位、名望、资产、特权及权势的等级秩序。社会阶层是相对接近的类群，同一社会阶层中的个体在社会层级系统中享有同等的地位和资产。由于每个阶层都有其独特的意识形态和社会准则，因而使各阶层在从父母养育方式到政治观念的很多方面都存有极大的差异。社会阶层间的这些差异导致旅游者旅游消费倾向的不同。

同一社会阶层的旅游者旅游消费需求往往趋于相同，如处于上层社会的旅游者对旅游的要求追求高消费、高享受型，食宿在高星级服务项目全的宾馆，购买高档旅游产品已成为显耀他们身份与地位的代表。而在中下层社会的旅游者重视旅游的实效性，消费偏向于经济实惠的旅游产品。

2)学校家庭教育差异对旅游消费的影响

旅游者来自不同的家庭，接受的教育不同，旅游消费的表现也呈现较大的不同。家庭环境优良，教育层次高的旅游者对旅游消费的追捧高，他们会选择旅游消费来加强自身综合能力，同时关心教育下一代。诚然，家庭生命周期对旅游消费影响很大，处于青年的单身旅游者对背包旅行感兴趣，青年已婚无子女的旅游者注重蜜月旅行，青年已婚有子女的家庭往往注重孩子在旅游决策中的地位，中年离婚有子女的家庭选择商务旅行,中年已婚子女长大的家庭选择高档旅游消费,老年人往往选择度假型旅游。

教育层次不同对旅游消费的影响表现在教育层次高的旅游者尤其注重旅游所带来的附加值,追求高消费;教育层次越低对旅游的需求就会越低。

3)社会文化差异对旅游消费的影响

社会文化差异主要体现在地区文化的不同,对旅游者的影响不同。每个人都生活在一个特定的文化环境之中,他从小就受到周围文化的熏陶,并建立起与该文化相一致的思维模式、行为习惯和生活方式。从总体上而言,中国传统文化的价值取向是内倾型的,特点是喜静不喜动,不事张扬,在消费观念方面往往趋于保守、低调。在旅游目的地的选择方面,人们偏好以观赏为主的园林游览和风景审美活动,喜欢优美和谐的自然景观、社会知名的历史文化古迹以及发展较成熟的景区,尤其喜好文化和自然风景互相渗透所孕育出来的包含人文精神和自然态势的旅游目的地。与中国旅游者相比,西方旅游者较喜欢独特、新奇、不同寻常的旅游目的地。他们在对景观的选择上,更偏好原始古朴的自然景观或保持原始风貌的历史文化景观。他们喜欢参加充分展示自身智力和体力的活动项目,乐于接触他们不熟悉的异质文化和民族,并期待在旅游中有所收获和发现。在中西文化相互交流、融合的当今社会,中国人的旅游偏好也会发生一些变化,出现新内容,但总体来说,还是强调"求稳""求静",反对过于张扬和冒险。

本章小结

旅游者消费心理是复杂多变的过程。在旅游活动中,旅游者对于吃、住、行、游、购、娱每一个环节的感受与体验都很关注,因此,研究旅游者的各种心理状态与心理需求,能更好地为满足旅游者需求提供方向与目标。当然,由于旅游者个性特征的不同,所处的社会环境各异,人格结构多变,在每一环节的心理更加不可预测,也增加了研究的难度。正是这种差异的存在,使得旅游者的消费需求多元化,故在个性中寻求共性成为必要。

复习思考题

1. 谈谈旅游者吃、住、行的心理有哪些？假若你作为一名旅游者是不是也有同感或其他的感受？

2. 简述旅游者"游"的心理。

3. 旅游者购物心理有哪些？结合实际谈谈你的见解。
4. 旅游者个性差异对旅游消费有哪些影响？
5. 不同人格类型的旅游者在旅游消费时有什么特点？
6. 旅游者社会差异在指导旅游消费时起何作用？

实训题

利用节假日的时间，同旅行社联系，共同组织旅游咨询服务活动，为市民进行旅游线路宣传，并做好出游接待咨询工作，从中体会现在出行前，潜在旅游者所关心的一些问题，学会怎么打动潜在旅游者，引发他们的旅游动机，消除心理顾虑。

案例分析

“你好，先生”使客人皱起眉头

一天中午，一位住店外籍客人到饭店餐厅去吃午饭，走出电梯时，站在梯口的应接服务员很有礼貌地向客人点头，并且用英语说：“您好，先生！”客人微笑地回答说：“你好”。当客人走近餐厅时，餐厅迎宾员以同样的话问候：“您好，先生。”那位客人微笑地点了下头，没有开口。客人吃好中饭，顺便到饭店的庭园中去散步，当走出大门时，门童又是同样的一句：“您好，先生。”这时客人只是下意识地点下头了事。等到客人重新走进大门时，门童的“您好，先生”声再次传入客人的耳中。此时，这位客人已感到不耐烦了，默默无语地径直去乘电梯准备回客房休息。恰巧在电梯口又碰见梯口的应接服务员，自然又是一成不变的套路：“您好，先生。”客人实在不高兴了，装作没有听见似的，皱起了眉头。

这位客人在离店时，给饭店总经理留下一封投诉信，信中写道：“……我真不明白你们饭店是怎样在培训服务员的？在短短的中午时间内，我遇见的几位服务员竟千篇一律地简单重复着一句话——‘您好，先生’，他们难道不会使用些其他的问候语句吗？”

点评：在饭店培训教材中，肯定会有“您早，先生（夫人、小姐）”“您好，先生……”之类的敬语，并规定服务员在遇到客人时必须使用敬语问候。但是在实际工作中，敬语应该是生动而丰富多彩的。短短时间内多次和一位客人照面时，应灵活地使用不同的敬语来问候客人，使其产生亲切感和新鲜感。

本案例中的客人投诉是可以完全避免的。尽管每位服务员的问候本身并没有错,但同样的问候敬语在短时间内多次使用,结果使客人听了非但不觉得有亲切感,反而产生厌恶感。另外,这样的问候还会使客人感到服务员对他的不尊重,因为服务员在他进出多次后尚不认识他,说明服务人员是在例行公事式地进行操作,没有把客人真正放在心上。因此,服务员不能拘泥于规范,而应灵活地使用敬语。在本案例中,当服务员第二次遇到客人时微笑并点头致意或许更能令客人感到温馨和礼貌。

此外,这个案例也告诉我们,在服务过程当中,单纯以标准化的规程对客人进行服务是不会让客人满意的,必须对客人在标准化规程的基础之上提供针对性较强的个性化服务内容。这也要求我们管理者和服务员要更进一步了解客人的心态与需求,尽量为我们的客人提供高质量的服务。

第4章

旅游服务心理

【本章导读】

“服务”一词在英语中的基本含义是“为他人做有用的事情”。服务是旅游接待的核心问题。旅游企业和旅游服务人员应该以双重的优质服务,即优质的“功能服务”和优质的“心理服务”来赢得客人的满意。既要让客人觉得和蔼可亲,使客人获得更多的亲切感,还要让客人对自己满意,使客人获得更多的自豪感。

【关键词汇】

服务　优质“心理服务”与“功能服务”　挫折　投诉

问题导入:消费者需要什么样的服务

旅游者消费心理是针对旅游者在旅游活动中所发生的一系列要素进行综合剖析而得出的,反映了旅游者消费心理需求。旅游服务质量的优劣直接影响旅游者消费心理的满足。由于旅游者所购买的只是一种“体验”和“经历”,在旅游活动中的“六大要素”的满足正是由旅游服务来完成的。因此,旅游从业人员服务心理应在旅游者消费心理需求下进行系统的研究,用双重的优质服务让客人满意。

4.1　旅游服务人员的心理需求

旅游服务人员为旅游者提供的旅游服务是在借助各种设施、设备、方法、手段和途径,以及热情好客的表现形式基础上,创造出和谐气氛,满足旅游者生理、心理、物质和精神的需要,激发旅游者交流和消费的一种活动。旅游服务优质与否,是由旅游服务人员的表现及职业心理素质决定的。

4.1.1 服务人员的服务能力要求

能力是完成某一具体活动所必备的知识、技术、本领及处世方式等因素的总和,包括完成一定活动的具体方式以及顺利完成一定活动所必需的心理特征。能力并不局限于知识、学历和资格,总是与某一具体的活动联系在一起,随着活动的改变而变化。能力包括的范围非常广泛,如对基础知识的掌握能力、技术操作能力、与别人沟通交往的能力、自我管理和管理他人的能力、分析问题和解决问题的能力、团队合作能力等。旅游业处在动态的市场环境中,要谋求生存和发展,对旅游服务人员的主动性、积极性、创造性和适应性提出了更高的要求。而旅游服务具有无形性、不可见性、差异性、不可储存等特点,旅游服务人员的智力、知识技能、实践、勤奋程度是能力形成的基本条件,直接影响服务效率、服务效果及服务水平。

1)业务能力:规范、得体、美观

旅游服务人员应经过严格训练,熟练掌握服务业务范围和工作程序,动作规范,服务得体,姿态美观,用自己的肢体语言感染旅游者,给他们以美的享受。在旅游服务中,服务人员的娴熟的技艺,优雅的操作,正是优质服务精华的体现,满足旅游者心理和功能双重需求。

2)观察能力:敏锐、细微、深刻

旅游服务人员观察能力应在敏锐、细微、深刻上下功夫。如果服务人员的观察能力不强,旅游者偶然表现出来的真实自我便会稍纵即逝,无法捕捉,就会失去提供优质服务的机会。观察能力的运用一般是在对旅游者或发生在旅游者身边的事件和事态的评价上。服务人员的评价观点一定要建立在敏锐、细微、深刻的观察基础上,揣摩旅游者内心世界,了解事件、事态的发生发展变化趋势,充分捕捉信息,客观评价他人观点,从细微处着手,深刻分析研究,妥善处理,赢得旅游者的赞赏。

如何提高服务人员的观察能力?首先,要爱岗敬业,角色意识强;其次,培养广泛兴趣,主动获取知识,保证观察效果;再次,集中注意力,稳定细致观察;最后,保持心情舒畅,心境始终优良。

【相关链接4.1】

一对澳大利亚老年夫妇来中国旅游,一天早上到下榻的宾馆餐厅用餐,先挑选了极少的清淡食品,然后来到盛粥台,上面摆着皮蛋鱼片粥、大肠粥两种,他们看了看,摇摇头,便走开了,随便吃了一点就到房间去了。然而,这对VIP客人的举动被宾馆一位细心的服务员观察到了,她便向值班主管请示,迅速叫厨房的厨师熬了两碗清粥,并亲自送到了老年夫妇的房间门口。轻敲一下门,门打开了,这对老年夫妇很纳闷地问:"你有什么事?"这位服务员说:"我受饭店总经理委托给您送白米粥的!"。这对老年夫妇听到这话,两眼含着泪珠说:"谢谢您们!您们周到细致的服务让我们永生难忘!"原来,这对夫妇不喜欢早餐吃油腻的食品,尤其是带油和肉的粥,更让他们接受不了。但正因为服务人员细微的观察,并迅速作出决定,赢得了客人的心。

3)记忆能力:准确、快速、持久

在旅游服务工作中,服务人员的记忆力应达到准确、快速、持久,只有这样服务工作才能有条不紊地进行下去,旅客的需要一旦显现,服务人员的反应就会快速跟上。服务人员的记忆力若是不好,旅游者一问三不知,那就根本谈不上优质服务。可见,良好的记忆力不仅是优质服务的智力基础,而且也是服务人员回答旅客疑难问题的心理支柱。

心理学研究表明,强化旅游服务人员的记忆能力从以下方面着手:首先,记忆目标明确。没有目标的记忆是杂乱无章的记忆,旅游服务工作中,对VIP客人应该重点关注,记住他们的姓名、国籍、信仰、生活习惯等,有的放矢地提供针对性服务。其次,集中精力理解记忆。理解是记忆的前提。对任何记忆内容理解得越透彻,记忆就会越深刻。再次,培养广泛兴趣。兴趣是记忆之母,人们感兴趣的东西往往会主动去记忆。通过兴趣培养,有利于记忆力的提高。最后,运用记忆方法。例如,在识记之后要及时复习以加深记忆痕迹,利用新旧材料的联系进行记忆,抓住材料的特点进行比较帮助记忆等。

4)注意能力:稳定、灵活、明确

注意力是指人的心理活动指向和集中在一定事物上的程度。俄国著名的教育家乌申斯基曾说:"注意是一个唯一的门户,外在世界的印象,或者较为挨近神经机体的状况,才能在心里引起感觉来。如果印象不把我们的注意集中在它身上,那么,虽然它们也可以影响我们的机体,但我们是不会意识到这些影响的。"可见,人们认识世界通过注意这座门达成,如果不打开注意这道门户,外界的一切都不能进入心灵。在旅游服务活动中,为了保证服务人员感知的形象清晰、完整,记忆效果良好,思考的问题得以解决,行之有效的办法就是集中注意力。

为保证旅游服务质量,服务人员要从容应对变化万千的旅游活动以及行为复杂多变的旅游者,在工作岗位上注意力必须相对集中稳定、适时灵活转移,对象明确,克服过分集中与分散的弱点。因为,无论是过分集中或过分分散,都不符合优质服务的要求。服务员如果注意力过分集中,那么同时服务多位旅客的能力差,致使工作效率低;若注意力过度分散(抗干扰能力差),造成在接待客人时漫不经心,使客人觉得受到怠慢。

怎样培养稳定而灵活的注意力呢?作为旅游服务人员:第一,应具有强烈的事业心和责任感,有意识地把最关心的问题摆到注意中心位置上来。第二,应具有坚强的意志,在坚强意志的支配下,养成因时、因地、因事的改变而灵活分配自身注意力的良好习惯。第三,应具有敏捷的思维能力,灵活分配自身注意力、增强应变能力和提高服务效率。

5)执行能力:果断、坚持、巩固

执行力对旅游服务人员来说,是经常用到但又很难用好的一种能力。旅游服务质量的优劣取决于旅游服务人员对服务工作的执行力度的大小。执行彻底,质量才有保证。

此外,作为民间外交工作的旅游服务,是一项政策性很强的工作,特别是对不同国家、不同地区、不同民族的政策要十分清楚、明白,要认真掌握,坚决执行。一名具有良好执行力的服务人员,办事一定会果断,对任何事情都会坚持到底,并在执行完成后,巩固执行方式方法,为下一次更好地执行打下坚实的基础。

6)交际能力:及时、真诚、高效

旅游服务本身是由服务人员与旅游者共同交往才产生的。旅游服务人员的交际能力是搞好服务工作必备的能力,交际能力是服务员综合利用各种才干进行人际交往的本领。

(1)重视第一印象

旅游服务人员与旅游者之间的接触时间是短暂的,想通过"日久见人心"来达到情感相融的目的实非易事。然而,主客双方初次的接触,服务人员展现的服务态度、办事效率、仪表在旅游者心中产生的第一印象效应会对后续交往行为产生重要影响。尤其是仪表美,更是交际中重要的吸引因素。

(2)语言表达简捷流畅

服务人员在服务过程中所要表达的语言应做到:内容言简意赅、准确连贯、有理有据,发音清晰,语气柔和,速度适中,用词准确,必要时辅以表情和动作。

(3)及时妥善处理矛盾

由于主客双方各自的利益关系,矛盾和冲突在旅游服务过程中在所难免。

一旦出现矛盾和冲突,作为旅游服务人员能否驾驭各种态势,并在不影响企业声誉又能维护旅游者情面的情况下,妥善地把各种问题处理好,就成为考察服务人员应变能力的关键。

旅游服务人员首先明确角色意识,端正态度,客观地考虑旅游者的利益,适当地作一些必要的让步。在此基础上,游刃有余地弄清旅游者的动机,善意地加以疏导。同时,在处理矛盾和问题时,旅游服务人员的情绪应最大限度地控制,外表积极性应强烈地限制。自始至终,服务人员应尽可能地为旅游者提供最大限度的自由行动和自由提问的环境和条件,并简洁、准确地回答旅游者提出的各种问题,充分及时化解矛盾和冲突。

(4)真诚招徕,交际高效

服务人员应真诚地招徕旅游者,与旅游者建立融洽感情,满足和诱发旅游者需求,向旅游者充分展示服务优势,促使旅游者主动消费。交际能力应高效,迅速捕捉旅游者的心理动向,洞悉心理需求,激励旅游者再次光临。

4.1.2 服务人员的心理素质要求

1)旅游服务人员应具备的气质

(1)适宜的感受性、灵敏性

感受性指的是当外界刺激强度达到多大时,才能引起人的反应。人的心理反应的速度和动作的敏捷程度统称为灵敏性。

由于旅游服务人员的服务工作经常处在一个变换的活动空间里,同时面对着复杂而变动的旅游者,旅游服务人员在与不同类型的旅游者频繁的人际交往中,如果感受性太高,稍有刺激就引起心理反应,势必会造成精力分散,注意力不集中,影响服务表现。反之,如果感受性太低,对周围发生的一切现象熟视无睹,让旅游者感到怠慢,引起主客之间矛盾,导致旅游服务人员在旅游者心目中的形象降低,使旅游者对服务工作及整个旅游业产生不满。为此,在旅游服务工作中服务人员的感受性应适宜。此外,为了营造一个热情饱满而有序的工作状态,保证旅游服务人员始终保持这种状态,旅游服务人员面对复杂多变的旅游者,还必须具有一定程度的灵敏性。如果灵敏性过低(反应速度过慢)会延误服务时机,让旅游者感到受冷落。如果服务人员太灵敏(反应速度太快),又会使旅游者对服务人员产生不稳重或过急的感觉。因此,旅游服务人员的灵敏性不宜过低,也不宜过高。

(2)较高的忍耐性和情绪兴奋性

众所周知,旅游服务人员所从事的工作有别于一般工作,无论是导游服务,还是饭店服务、交通服务,旅游者总是处在不断变化之中,然而服务人员的服务工作基本上是长年不变的。依据单一性需要理论,过分持久的单一性工作势必会使人产生厌倦,让人难以再继续承受这种工作。然而旅游企业和服务人员角色对服务工作的要求,一批批新旅游者的期望,都要求服务人员的工作是出色的和优质的。所以,服务人员必须具有克服巨大心理压力的本领和较高的忍耐性及情绪兴奋性。

(3)强可塑性

可塑性是指服务人员对服务环境中出现的各种情况及其变化的适应程度。

由于不同国家、不同地区、不同民族有不同的文化习俗和要求,旅游服务工作找不出固定模式,总是因人因事而异。如果服务人员针对所有旅游者只提供同一种服务,那么不同国家、不同地区、不同民族的人就很难接受这种呆板、单调的服务。在“客人是上帝”“客人总是对的”服务宗旨下,优质服务就是体现在满足不同种类旅游者的需要上。因此,服务人员必须具有较强的可塑性,才能适应不同旅游者的需要。

2)旅游服务人员应具备的性格

在旅游服务工作中,服务人员良好的性格特征体现在谅解、支持、友谊、团结、诚实、谦虚、热情等方面。服务人员只要具有这些性格特征,就能与旅游者建立和谐的人际关系,保持最佳的服务状态,使旅游者倍感亲切并乐于接受服务。此外,服务人员还应具有独立、适应性强、事业心、责任心和恒心等性格特征。心理学研究表明:一个人的独立性越强,其抱负水准也就越高;适应能力越强,开拓精神和应变能力就越明显;事业心、责任心和恒心越强,工作就会越勤奋,效率就会越高。相反,服务人员如果依赖性强,就会缺乏自信;若单凭小聪明,没有好的性格品质,工作绝不会出现高效率,也不可能创造性地做好服务。

此外,旅游服务人员因实际工作的不同,其性格要求亦有差异。例如,导游工作要求服务人员外向合群、负责有恒、冒险敢为、幻想、自立、当机立断等。客房服务工作要求服务人员孤独缄默、负责有恒、自律严谨等。餐厅服务工作要求服务人员热情外向、顺从、敏感、安详、沉着有自信、当机立断等。

如何塑造良好的性格?服务人员采用的有效途径是加强个人的心理素质修养:第一,努力提高文化水平,加强职业道德修养,保持乐观的心境。第二,努力学习别人的长处,诚心接受别人的帮助。第三,积极参加社会实践,在工作中检验自我修养的结果。

3)旅游服务人员应具备的情感

(1)情感倾向性良好

情感倾向性是指一个人的情感指向什么和因什么而引起。比如,服务人员的热情,当它指向旅游业本身或服务对象时,就成为高尚的情感;若是指向损害国家利益、企业利益或牟取私利上,就是卑微的情感。因此,服务人员良好的情感倾向,应指向全心全意为国家、为旅游者服务上来。只有这样,服务人员才可以焕发出热爱本职工作和尊重旅游者的情感来。

(2)情感深厚

在旅游服务工作中,服务人员对旅游者和服务工作的情感越深厚,其情感倾向性就越高尚。他们的服务热情会自发、主动产生,服务中认真对待每一位旅游者,让旅游者始终沐浴如春风化雨般的服务。

(3)情感稳定持久

稳定持久的情感建立在情感的深厚性基础上,在相当长一段时间内不变化。旅游服务人员情感若是稳定而持久,他们积极的工作态度将会始终如一,为旅游者服务的热情永不减退。

(4)情感效能较高

旅游企业总是希望自己的旅游服务工作主动、热情、耐心、周到。要实现这些,就应具有一批较高情感效能的服务人员。情感效能激励人们行为,表现为情感在人的实践活动中所发生作用的程度。情感效能高的服务人员,能把任何情感转化成促其积极学习、努力工作的动力。而情感效能低的服务人员,尽管有时对工作也有强烈的欲望,但往往是挂在嘴上而缺乏具体的行动。

4)旅游服务人员应具备的意志

(1)自觉

坚强的意志品质具有自觉支配自己行动,努力实现既定目标的特点。在旅游服务工作中,服务人员如果自觉性较强,就会在自己意志调节和控制下,自觉支配自己的行动;也会为提高自己的业务水平始终不渝地努力奋斗;更能虚心向他人学习,改正不足,勇于克服困难,战胜挫折,正确地对待自己的成绩与进步。相反,若是缺乏意志自觉性,他就会在工作中忽东忽西,盲目从事,一事无成。

(2)果断

一个人如果善于迅速地根据情况的变化,采取相应措施,那么他的果断性就强。旅游服务人员处在情况变化多端,矛盾复杂多变的服务工作中,必须具有驾驭整个事态的能力,并能迅速作出全面考虑,综合权衡利弊,恰到好处地利用一切可以利用的条件,不失时机地正确处理问题,让事态始终沿着预定的目标发展,达到预期的效果。

(3)自制

自制表现在对个人感情、行为的自我约束上。一个自制力强的服务人员,往往能够控制自己的情绪,具有谦让忍耐性。无论遇到什么情况,他都能镇定自若,善于把握自己的言语分寸,不失礼失信于人。与此同时,他还能对自己的行动克制、调节,对遇到困难、繁重的任务不回避,对工作不挑拣,不感情用事。

(4)坚忍

坚忍性是指一个人针对外部障碍的排除所产生的一种锲而不舍的意志特点。在旅游服务工作中,服务人员如果缺乏意志的坚韧性,一方面无法应付旅游环境的复杂和变化;另一方面也难以作出突出的贡献。

4.1.3 服务人员的其他要求

1)角色定位

社会心理学研究认为,社会角色“非个性”,指的是不管任何人,不论他的个性怎样,只要他担当了某种角色,角色所赋予的规范就会指挥他去行动。在旅游服务工作中,旅游服务人员相对旅游者来说他们从事的是对客服务。然而不少旅游服务人员没有正确理解和处理角色与角色之间的关系,以及充当角色的人和角色之间的关系。错误认为自己低人一等,是伺候人的,与旅游者(这是另一种社会角色)相比,感到不平等,内心很不平衡,便油然而生一种自卑感,尤其是当客人在言语与行动上稍有不当时,或当在社会上听到一些不正当的议论时,不平衡的心理就更加强烈了,甚至与旅游者发生冲突。由此可见,作为旅游服务人员必须扮演好服务角色,将自己与客人的位置定位,恭恭敬敬为旅游者热情服务,尊重旅游者。虽然社会角色存在不平等,然而是合理的不平等,就必然正确认识。“为人民服务”的宗旨正是角色定位真实的写照。

2)形象塑造

旅游服务人员的形象是烙在旅游者头脑中的商标,它反映的是旅游企业的信誉和旅游企业的服务质量。因此,旅游服务人员应塑造良好的形象,给旅游者留下美好的印象。良好形象的标准一般体现在:第一,注重体型容貌修饰,展示健康、精神的状态。如果旅游服务人员展现的容貌端庄、自然,体格健壮,个人卫生清洁,旅游者就会获得安全、愉快的感受,乐意主动接受服务人员的服务。虽然，良好的体型容貌与先天素质有关，但通过后天的锻炼和修饰才最为重要。旅游服务人员在容貌修饰时应结合国情、民意、时代的风貌以及职业特点，将自然美与修饰美适度结合，体现健康与精神。第二，服饰穿着整洁得体，突出舒适、端庄。服饰是表现自我的重要手段。旅游服务人员服饰穿着应符合职业特色，适应旅游者需要，与环境相和谐，整洁合体、美观大方，给旅游者带来清新、明快、朴素、稳重的视觉印象，缩小与旅游者之间的差距，使旅游者信任度、亲切感加强，使对客服务取得成功。第三，行为风度张弛有力，体现稳重、文雅。行为风度作为旅游者评价服务人员态度和企业面貌的重要标志之一，其张弛有力，主要表现在待客接物时服务人员的站立、行走、动作姿态的稳重、文雅、亲切、潇洒上。在旅游服务工作中，服务人员行为动作蓬勃向上，又不失稳重，自然得体，体现出服务人员的性格和心灵，反映出服务人员的文明程度和心理状态。行为风度大方文雅、热情庄重的服务人员，在与旅游者接触时便会让旅游者内心深处产生良好的感觉，促进旅游者消费。

3)服务周到

“一切为旅客着想”“客人总是对的”作为现代旅游业服务的宗旨，其实质就是要求旅游服务人员要全心全意为旅游者服务。衡量一名服务人员服务是否周到主要看他服务是否“真诚”与“一致”。

“真诚”是旅游服务人员待客服务的信条，是全心全意为旅客服务的最基本原则。“一致”要求服务人员言行一致、表里如一。在旅游服务工作中，服务人员待人诚恳会赢得客人的信任，消除人与人之间的陌生感、隔膜感，在短时间之内能融洽主客之间的感情。与人为善，从善如流，就能与客人保持友好相处的人际关系状态。热情好客、待人亲切、面面俱到、完善妥帖、细致入微，处处主动自觉地为旅游者服务，就能够得到客人的尊重和信赖，促使旅游者接受服务。“言必行，行必果”，遵时、守信，让旅游者实实在在地享受到所提供的服务，达到景点能看得见，形象能感受得到，活动能亲自参加的一致效果。

4)信誉至上

信誉是服务人员的威信和影响，以及在旅游者心目中的地位和形象，是优质服务的本质体现。良好的信誉是个人的立身之本，兴旺之根，是无形资产，无价资源，是形象塑造的基石。众所周知，旅游市场已从卖方市场发展到买方市场。只有旅游产品过硬，服务水平高的旅游企业，才能赢得旅游消费者的信赖，才能在市场上站稳脚跟，并不断扩大市场占有率，使企业永远立于不败之地。没有良好的信誉，绝对不会有完美的形象。由此可以说，在旅游服务工作中，旅游服务人员是否讲信誉是事关个人和企业生存、发展的大问题。

4.2 旅游服务心理的基本需求

旅游服务不同于一般的服务，它是有形的物与无形的服务行为的综合。它以直接的劳动形式，即活动本身，去满足旅游者享受需要的某种需求，是旅游业最重要的产品。

4.2.1 对客服务需求

争强好胜之心人皆有之。当旅游者与旅游服务人员各自争强好胜之心碰在一起，弄不好就会引起一场冲突。由于旅游者外出旅游的目的就是“花钱买享受”，如果他们感受到的是“花钱买气受”，那么他们绝不会善罢甘休的。所以，服务人员必须懂得你永远不可能“战胜”客人。如果哪次当你感觉已经“战胜”了客人，那么也就意味着你即将面临巨大失败。

当然，服务人员不能把旅游者逼到“失败者”的位置上，同时也要把握自已不能成为失败者。因此，在对客服务上应坚持“双胜原则”，让双方都成为胜利者。

所谓“双胜”，简单来说，就是在客我双方交往时，客人得到客人想得到的东西，我也得到我想得到的东西。由于客我角色特定，双方要达到的具体目标是不同的，因此客我双方争取一个“双胜”，结局是完全可能的。即使遇到必须分出胜负的竞争，“让双方都成为胜利者”这一普遍原则在处理人际关系中仍然适用。这里“胜利者”具有两层含义：一是指只要在竞争中达到了他所能达到的最佳状态，名次如何无关紧要；二是即使在某一项竞争中未能获胜，不等于他就是“生活中的失败者”。

在旅游服务人员与旅游者的交往中，首先要明确各自的角色，旅游者作为“消费者”“受服务者”角色，而服务人员扮演“工作者”“供服务者”角色。旅游者得到了服务人员提供的优质服务而成为胜利者的时候，也正是服务人员获得旅游者认可而成为胜利者的时候。由此可见，“客人至上”绝不意味着“服务人员至下”。在对客服务时，服务人员所要达到的直接目标是提供优质服务，满足旅游者需求。旅游者追求的是高质量享受和体验。双方所要得到的东西正好互补，一方的“胜利”是以另一方的“胜利”为支撑。

其次，严格区分“分清是非”和“争输赢”的关系。例如，有些旅游者入住酒店，当他们对酒店的浴巾感兴趣时，就会故意收藏在行李中作为纪念，此时客房服务员在清理房间时发现了浴巾遗失，正好客人在前台结账。此时，服务人员如果处理不好就会将客人暗示为小偷，伤害客人自尊，但不指出又会造成酒店损失同时还会使客人误解酒店管理不善，连自已拿走了浴巾都不知道。因此，服务人员不能含糊而必须弄清楚，但是分清是非绝不意味着要去同客人争输赢，绝不意味着要迫使客人认错。“客人总是对的”实质就是告诫服务人员不要去同客人争输赢。只要能够通过妥善地解决存在的问题而在事实上分清是非，服务人员完全没有必要去指出客人有什么不对，为了保住客人的面子，服务人员宁可把自己的“对”让给客人。这时，服务人员应主动走过去询问：“尊贵的客人，不好意思打扰您，我们的客房服务员在查房时，发现我们酒店的浴巾不见了，是不是您在收拾行李时没留意将浴巾收在行李中了，麻烦您检查一下好吗?”如果是明智的客人此时一定会说：“哦，是吗？让我找找。”便打开行李箱寻找，找到后会对服务人员说：“真不好意思，还真不小心将浴巾收到行李中了”。当客人将浴巾还回时，一定要对客人说：“对不起，耽误您宝贵的时间，希望您再次光临本酒店。”若是有条件的话，客人又是VIP，最好能迅速用礼品盒包好一条同样崭新的浴巾作为礼品送给客人，那就真正意味着把“对”让给客人是对的。总之，对客服务是双向的，实质是人际交往，服务人员与旅游者既是平等关系又不能“平起平坐”，它通过“硬件”与“软件”为旅游者提供满足生理与心理的物质和精神的享受，是促进消费的一种活动。

4.2.2　优质服务的心理需求

美国管理心理学家赫茨伯格运用“双因素论”分析服务，指出优质服务应当是既有必要因素，又有魅力因素的服务。服务的必要因素起“避免客人不满意”的作用，是“没有它就不行”的因素；服务的魅力因素起“让客人感到很满意”的作用，是“有了它才更好”的因素。

必要因素作为“你也有，我也有”的共性因素，“没有它就一定要失败”。它表现为规范化、标准化、程序化的服务。从心理服务角度看，必要因素就是平等待客、一视同仁。服务人员的服务工作要赢得旅游者的好评，首先应具备必要因素，避免旅游者的不满意。绝不能因为旅游者所出的费用不同而给予的心理服务不同，出钱多就服务态度优，出钱少就服务态度差。旅游者所出费用不同只能体现在功能服务上，在心理服务上的要求都是一致的。服务缺乏必要因素，意味着别人做得到的你都做不到，肯定会招致旅游者投诉。因此，做好服务的必要因素是基础。

在必要因素基础上，服务再添上魅力因素，别人做不到的你都能做到，旅游者一定会为获得优质服务而满意。魅力因素必须是“唯我独有”的个性因素，“有了它才有可能获胜”。它表现为个性化、针对性与情感化的服务。

在激烈的市场竞争中，旅游企业及其服务人员应充分考虑为旅游者提供的服务必要因素和魅力因素各占多大分量。坚持在必要因素应有尽有的基础上发挥自己的独创性，最大限度地增加魅力因素，使自己与众不同，出类拔萃，在市场大潮中立于不败之地。

随着科学技术的进步，生活的提高，服务的必要因素和魅力因素不是一成不变的，而是变化发展的。在竞争中，竞争对手常常会迅速仿效获胜者所独有的魅力因素，随着跟随者不断增多，往日的魅力因素就变成共性的，而成为必要的因素。当原来的魅力因素已经变成必要因素时，就需要有新的魅力因素去补充它。

旅游者对服务的心理反应是希望获得“一视同仁”的服务必要因素，同时得到“特别关照”的服务魅力因素。服务人员坚持一视同仁，才能避免旅游者产生“被亏待”的感觉；适时给予特别关照，使旅游者产生“被优待”的感觉。“被亏待”会降低旅游者的自我评价，触动其自卑感，让其对自己感到不满意；“被优待”能提高旅游者的自我评价，焕发其自豪感，使其对自己感到满意。实践证明，如果服务人员能让旅游者对他自己感到满意，他就一定会对服务人员感到满意；如果由于服务人员的所作所为使他对自己感到不满意，他就一定会对服务人员不满意。

旅游者具有双重社会角色：既是“客人”，又是“人”。作为“客人”，旅游者希望和所有旅游者一样，得到服务人员“一视同仁”的服务。作为“人”，旅游者又希望自己与其他旅游者不一样，具有独特的需要与个性，得到服务人员“特别关照”的服务。

由此可见，给予特别关照是建立在“一视同仁”的基础上的，“特别关照”是“一视同仁”的升华。服务人员用一种“特别的方式”针对正在接待的旅游者的特点及特殊需要的“特别关照”，可以用在服务中对每一位旅游者的身上，那么“特别关照”和“一视同仁”就很好地结合起来。此外，任何旅游者有特别的需要，服务人员都要予以特别的关照。

4.2.3　旅游服务不同阶段心理

在旅游者整个旅游活动,服务人员提供的服务紧紧围绕解决供需,融洽关系,创造氛围,促进消费上,其服务过程可分为3个阶段:初始阶段、中间阶段和终结阶段。

1)初始阶段

服务初始阶段,服务人员与旅游者初次接触互不了解,第一印象就至关重要。因此,创造良好的第一印象成为服务人员在初始阶段的主要工作目标。服务人员仪容仪表整洁大方,穿着得体,彬彬有礼,再配上甜甜的微笑,亲切的话语,一定会使旅游者顿感安慰,产生信赖感。俗话说"良好的开端是成功的一半",服务人员一开始给旅游者留下一个良好的印象,就为以后各阶段的服务打下坚实的基础。

2)中间阶段

随着客我交往的推进,旅游者与服务人员开始相互了解,由不太适应—逐渐适应—适应,服务工作进入中间阶段。这一阶段是服务工作的重点阶段,因为服务人员和旅游者之间矛盾冲突的发生与解决、心理差异的协调、印象的加深、理解的加强、态度的改变、优质服务的满意度都在这阶段发生和进行。

(1)富有人情味的服务

未来学家托夫勒曾经说过:"在一个旨在满足物质需要的社会制度里,我们正在迅速创造一种能够满足心理需要的经济。""我们正在从一种饱肚子经济向一种心理经济过渡。"这种"经济心理化"过程将分两步走:第一步是在物质产品中增加心理成分,第二步就是扩大服务中的心理成分。这里所指的心理成分,主要是人情味。

人情味在服务中的要求表现在:服务以"柔性"代替"刚性"、态度以"亲切"取代"冷漠"、方式以乐于接受并始终尊重旅游者的自尊心为原则。具体来说,也就是要求服务人员必须懂得旅游者的心理需求,在与旅游者交往中能够细致全面地了解旅游者情绪上的微妙变化,并作出恰当的行为反应。同时,服务人员自己必须是一个感情上的富有者,而不是感情上的贫穷者。只有富有人情味的服务人员,才能把人情味给予旅游者,让旅游者感到亲切、温暖、幸福。

服务人员既要富有人情,又要善于表现自己的情感。服务人员应善于把"乐于为旅游者效劳"的"人心"通过合适的、恰当的方法充分地表现出来,把自己的服务意识变成旅游者可感受到的言行表情。因而在服务交往时,服务人员虽然与旅游者一般都是交往时间短、交往程度浅(即“短而浅”的交往),但是服务人员能让旅游者在“短而浅”的服务交往中充分体验到“溢于言表”的人情味。

(2)微笑服务

微笑具有永恒的魅力,在旅游者看来,“一笑值千金”,微笑让人感到亲切温暖、舒服宽慰。在服务人员方面,微笑有助于身心健康,保持乐观、愉快情绪,使自己富有朝气。从心理角度来分析,微笑是一种美的脸部表情,美的“眼笑”最令人难忘,能让人感觉到它是发自心灵的笑。微笑是热情好客的表现,服务人员必须对旅游者笑脸相迎,才能在旅游者心中留下善意、热情的印象。微笑具有感染力,真诚、善意的笑所产生的感染力,刺激对方的感官,能产生报答效应,引起共鸣,从而缩短人际距离,架起和谐交往的桥梁。微笑是自信的象征,能使人产生力量,起到镇定作用。因此,服务人员只有养成亲切微笑的好习惯,才能广结良缘,事事顺利。充分把握该笑的时候要发自内心地、真诚地笑,而不该笑的时候则不能笑。特别提醒,服务人员绝不要在旅游者背后或当旅游者走过时窃窃私笑。服务人员不论遇到任何不顺心的事情,只要一上岗,就要有“角色意识”,利用坚强的意志,强迫自己进入服务角色,流露出迷人的微笑。

(3)理解、尊重客人

受尊重是每位旅游者强烈要求的而且是非常敏感的。只有受到欢迎、尊重、关心和帮助的旅游者,才能真正体会到人格得到尊重、需求得到满足所带来的享受。首先,服务人员应“重视”每位旅游者。将尊重旅游者体现在细微之处,旅游者一下榻酒店,应接人员就要立即热情接待,主动接过手提箱,虽然没有从体力上减轻客人多少负担,但是接与不接,旅游者的心理效果大不一样:不接箱就显不出旅游者的“派头”,接了箱往往会使旅游者的自尊心得到满足。在商场购物,服务人员因一时忙不过来,不能立即为旅游者服务,应先向他打个招呼。尽管对旅游者来讲说与不说这句话都要等候,但说这句话就表现出服务人员对旅游者的尊重,具有“安定人心”的作用,反之会使人产生被轻视、冷落之感。

其次,尊重旅游者的风俗习惯、宗教信仰和个人爱好,不能要求旅游者“入乡随俗”。服务人员应充分了解旅游者的喜忌差异心理,尽量避免莫名其妙地得罪旅游者。例如,“斋月”,穆斯林客人白天会待在房间里,把斋人每天凌晨3至16时闭斋(不吃不喝),日落星现后,才能饮茶进餐。因此,服务人员一定要尊重穆斯林客人的宗教信仰,切忌打扰。

再次,服务人员对旅游者的关怀、体贴要巧妙地、不露痕迹地去满足、保护他的自尊心。例如餐厅领位,当就餐客人是漂亮小姐时,就应把她引领到引人注目的座位上去,“扬其长”——漂亮;对形体有缺陷的客人,则应考虑“隐其短”,这个“隐”要体贴入微地、不露痕迹地、十分自然地去做。旅游者会有出“洋相”的时候,无论出什么洋相,服务人员切忌以此嘲笑,假装没看见是最佳的办法。当然,在旅游者出洋相之前,服务人员能自然巧妙地予以关照,让其顺利度过,那就最好不过了。

最后,保护旅游者的虚荣心。自尊心中含有虚荣心,客我关系是服务与被服务关系,在这种特定的角色关系中,服务人员没有“教育客人”的义务与权利。旅游者的虚荣心越强,就越最忌讳说自己“买不起”“吃不起”,通常会说些冠冕堂皇的话来加以掩饰。对此,即使服务人员能“一眼看穿”却不要“说穿”,以保护其虚荣心,使其受到尊重。

3)终结阶段

服务终结阶段的主要任务是修正弥补初始和中间阶段服务的不足,进一步完善企业形象,强化旅游者后续行为。旅游者结束旅游活动并非服务就此结束,服务人员应郑重道别,与旅游者作离别语,内容上要淋漓尽致地表达对旅游者的歉意和期待再次相逢,感人肺腑地送去诚挚友好的祝愿,唤起旅游者心中“留恋之情”。在送别旅游者时,采用灵活的形式,一般对老弱病残和行装较多的旅游者,服务人员可帮助提拿物品或代办托运物品,对有特殊要求的可以送到车站、码头或机场。其他旅游者送到门口热情友好地话别即可。所有旅游者离去之际,服务人员还应认真做好善后工作,尽职尽责,一丝不苟地处理一些遗留问题,力求做到尽善尽美,让旅游者留下永久美感。

4.3 旅游宾馆服务心理

旅游宾馆是旅游业的重要组成部分,是旅游者的“家外之家”。旅游宾馆服务的优劣,决定着旅游者正当的生理、心理需求能否得到满足,关系到旅游宾馆自身能否长久的生存与发展,也关系到旅游业的兴衰。

4.3.1 前厅服务心理

前厅是旅游宾馆服务的中心。前厅服务从预订客房、入住登记、电话总机、行李寄存、收款结账到建立与保管旅游者档案,服务内容多,服务时间长。当旅游者进入旅游宾馆时,首先映入眼帘的是前厅,接触的是前厅服务人员提供的服务；当旅游者离开旅游宾馆时，最后接受的服务也是前厅服务人员提供的。因此，前厅的环境，服务人员的仪表、态度、谈吐、举止等，都代表着旅游宾馆的整体形象，是导致旅游者良好第一印象与最后印象形成的窗口。

1）留下美好的印象

（1）追求环境美

建立良好的第一印象是从旅游者对客观事物的感性认识开始的。因此，旅游宾馆大门和庭院为了能够营造出清新优美的意境，可根据区域特色布设草坪、花园、喷泉、水池、雕塑，使所有经过者都获得心旷神怡的感受。装饰布置大厅应兼顾时代感与地方民族特色的融合，要富于美感。如：柔和的光线，宽敞的空间，和谐的色彩，多种材料与厅内的景物点缀的相互映衬，服务设施摆设的协调性，就能够烘托出安定、亲切、整洁和舒适的气氛，使旅游者一下榻旅游宾馆就能产生一种宾至如归、轻松舒适的感受。此外，始终保持大厅设施、环境的清洁卫生、宁静幽雅，时刻让旅游者留下美好印象。例如，日本东京大仓饭店把总服务台安排到大厅之外的地方，使门厅内不直接看到总台前订房、结账的熙攘人群，听不到喧闹的声音，加上温度宜人、气味芬芳，令人心旷神怡。

（2）重视仪表美

仪容仪表是人的精神面貌的外在表现。前厅服务人员应十分注重保持整洁的面容、淡雅的装扮、适当的饰物、美观合体的服饰、讲究个人卫生。同时必须注意自己的姿态动作，应该做到热情好客、从容镇静、举止大方、风度翩翩，切不可表现出懒散笨拙的样子。如：站姿要优美典雅，不靠不倚、不背朝客人、不窃窃私语。坐姿要优美端庄，不前俯后仰、不侧身面对客人、不摇脚跷腿。走姿要正确而富魅力，不过快过慢、不占道抢行、不左右摇晃。这样不仅突出了前厅服务人员的形体美，反映了服务人员的文化修养和精神面貌，同时也给旅游者留下美观、舒适、优雅、大方的感觉，形成良好的视觉印象。

（3）强化语言美

旅游服务的成效在很大程度上取决于服务人员语言的正确表达。强化服务人员的语言美，可以从熟练地使用多种礼貌用语，避免使用客人讳忌的词语着手，要求掌握多种外语或方言，运用诚恳、谦和的语气，确切、清楚的语意，动听、悦耳的语音，使旅游者感到亲切，增加对旅游者的吸引力，赢得旅游者的好感，消除旅游者的陌生感和不安情绪，缩短服务人员与旅游者之间的距离，取得旅游者的理解和支持，为此后提供优质服务打下良好基础。

2）提供周到的服务

前厅的服务项目繁多，例如为宾客开关车门、运送行李、回答询问、客房预订、检验证件、分配与登记住房、多项代办服务和财务结账等,一方面要求服务人员具有熟练、准确和高效的服务技能,处处为旅游者着想的服务意识;另一方面要求前厅的设置尽可能方便旅游者,服务人员尽可能为旅游者提供周到的服务。

(1)标志设置醒目

前厅是为旅游者提供多种服务项目的场所。设置醒目的标志使旅游者一进大厅就一目了然,以适应旅游者求方便、求快捷的心理需求。根据旅游者需求,标志可针对客房价格、餐饮娱乐场所、旅游交通、主要参观景点等内容,制作各种不同的标志牌匾,以方便旅游者。

(2)问讯解答热情

旅游宾馆及所在的城市对大多数旅游者来说是陌生的地方。前厅服务人员应对旅游者的问讯要耐心热情地解答,做到百问不厌。因此,前厅服务人员要尽可能多地掌握与业务有关的信息,以便提供更多的服务。应熟悉宾馆所有的服务设施及服务项目,熟悉国际、国内主要航班及车船抵离时间,熟悉旅游景点及娱乐、购物场所及名特产品等,还要关心了解当天的天气预报等。

4.3.2 客房服务心理

客房是旅游宾馆的主体,是旅游者休息和"住"的心理得到满足的主要场所,也是旅游者在宾馆逗留时间最长的地方。在旅游消费心理中,旅游者对"住"的心理要求是:客房应具备卫生、安全、方便、舒适、静谧、雅致等良好的环境条件,保证所有设施、设备的完好和房内物品的清洁整齐,提供周到、热情、殷勤、体贴的服务。

1)横向服务对策

(1)主动

客房服务人员主动服务,能够使旅游者在客房得到贵宾的享受,获得尊重、方便和舒适的心理感受,消除旅游在外的不安定感。主动服务体现在:主动迎送,主动问好,主动与旅游者打招呼,主动介绍服务项目,主动递送和保管钥匙,主动叫电梯,主动代客服务,主动引路让路,主动为旅游者排忧解难,主动照顾老弱病残旅游者、问寒问暖,主动征求旅游者意见,等等。

(2)热情

客房服务人员热情服务是服务态度的本质表现,是取悦旅游者的关键。也就是要求客房服务人员做到精神饱满,面带微笑,语言亲切,态度和蔼,举止大方,不卑不亢,乐于助人,不辞辛苦,为旅游者排忧解难。热情服务可减少旅游者的陌生感和不安定的情绪，可增强信赖感和亲近感，能使旅游者感受到尊重，在心理上得到一种满足和放松，可取得旅游者对服务工作的支持。

(3)礼貌

礼貌服务是客房服务中最常用的重要心理策略之一，是人类产生共同语言，互相理解，沟通感情的基础。例如，客房服务人员应佩戴宾馆规定的姓名牌，忌打扮得比宾客更高贵。在清扫房间或送开水到客房之前，要养成先想一想这位旅游者会处于什么状态(会客、睡觉还是洗澡等)的良好习惯，使自己在心理上有所准备。要注意房门上有无"请勿打扰"的牌子。敲门时要连续轻叩三下，两次六响之间至少相隔5秒钟，未得许可，不要贸然入内。绝不做未敲门而入，从门缝里往里看，或发现旅游者用错室内设备时而加以嘲笑等无礼行为。客房的清洁工作，不仅要主动，而且要注意工作时间、场合、环境、方式，一般采取背后服务的方式，以不打扰和影响宾客正常活动为宜。若宾客给出"请速打扫"的信号，应立即迅速清扫。若宾客在场，经允许可当面清扫，但要注意礼节礼貌，动作要轻要快。

(4)耐心

客房服务无论在旅游淡季还是在旅游旺季都要保持优质。客房服务人员应具有耐心，保持良好的态度并持续下去，有意识地控制和调节自己的情绪。在繁忙时不急躁，对爱挑剔的宾客不厌烦，对老弱病残宾客照顾细致周到，宾客表扬时不骄傲自满，宾客有意见时要耐心听取，耐心处理服务中出现的问题和可能出现的投诉，认真妥善地解决，尽可能使宾客满意。

(5)周到

客房服务周到是建立在细致的基础上。客房服务工作要做到在宾客开口之前，细心观察并预测宾客行为，客房卫生清洁，尊重宾客民族风俗习惯，服务做到恰到好处，如准确转达留言，按要求时间叫醒宾客，提供针线包、信笺、信封、墨水、圆珠笔、电话号码，预备电视节目单，寝前开灯撩床角，等等。

现在不少饭店周到服务体现在准备了雨伞，并专设"借伞处"，以供宾客雨天之需。但有的饭店不仅如此，若遇雨天，服务人员在大门口迎候归来的宾客，每人发一个塑料伞套，把收拢的雨伞装进套里，锁在一个类似圆形衣架的旋转架上，然后抽下钥匙交给持伞人。除伞套之外，还有鞋套(也用塑料薄膜制成)。进大门躬身一套，出大门随手一脱，简便得很。使用两套，避免了宾客把水淋淋的雨伞提进客房途中一路滴水，宾客鞋底污物也不至于弄脏走廊、房间的地毯。

(6)安全

安全服务直接关系到宾客的人身及财物，应以具体的措施、制度及程序加以落实。首先是严格控制客房钥匙,建立严格领取使用的制度,交接应登记具体时间,丢失钥匙后应及时更换门锁。客房管理服务人员及保安人员应坚持对客房走道巡视,注意外来可疑人,注意客房门是否关上,提醒宾客注意离房时锁门。客房内的各种电气设备都应确保安全,卫生间地面要有防滑设施。对伤病、醉酒宾客应密切注意,病情严重应安排救护车送往医院,对醉酒者要防止吸烟发生火灾。对其他紧急事故的处理,要事先预测,准备应急器材。

2)纵向服务对策

(1)迎客热情

客房服务人员热情大方,主动迎接,对宾客礼貌和敬意,给宾客留下良好印象。例如,当客房部得到前台关于客情的预报时,应立即认真检查准备接待宾客的房间,是否按照规定的标准及规格清扫布置及配备用品;检查所有的器件开关、抽屉、水管、喷头等是否完整无损,便于使用。

(2)问询适宜

客房服务人员应主动向宾客问好,关心他们的生活起居、身体状况、生活感受。对早起见面的宾客要主动问好,这会使他非常高兴。傍晚服务人员即将宾客所住床铺上半部的床单和毛毯掀开45度角,打开床头灯,以便宾客就寝。这样,就可创造一种友好的气氛,使宾客感到服务员已经向他道过晚安,已经向他致以亲切的问候了。

(3)勤快可见

客房服务人员应做到“四勤”,即手勤,及时准确地完成工作任务;眼勤,注意观察宾客的需求反映,有针对性地为宾客提供随机性服务;嘴勤,主动招呼宾客,主动询问需求,切不可遇到宾客不言不语低头而过;腿勤,行动敏捷,不怕麻烦,提高服务效率。客房管理人员在做到以上四勤的基础上,还要求做到五勤:勤检查、勤巡视、勤观察、勤指导、勤补充。这样,服务工作才能完善,给宾客留下美好的印象。

(4)洁静第一

客房服务人员要按规定进行清扫整理,做到窗明几净,地面、墙壁无灰,无污垢;茶具、用具、餐具以及恭桶要严格消毒,床单、枕套、面巾、浴巾、脚垫每日更换。每次整理客房、卫生间、会客室、书房后,都要做到清洁整齐,努力保证各种设备、用具和生活用品清洁、美观、舒适,每天都不能留下被消费过的痕迹。同时,严格控制各种设备发出的噪声,如浴缸放水声、空调机声、窗帘启合声。要消灭“四害”,尽力排除蚊、蝇、老鼠等飞蹿客房的可能性。服务人员在准备用具、打扫卫生时要做到“三轻”——脚步轻、说话轻、操作轻,随时保持客房、楼道、工作间有一个肃静的气氛。

(5)灵活多变

客房服务人员在规范化服务的同时必须具有较强的应变能力,能够随时根据客人的心理特征与特殊爱好,采用灵活多样的服务方法。由于客房服务的对象千差万别,而规范却是简单的,甚至是单一的,因此,在规范化服务的前提下,一定要重视灵活多变的服务方法。例如,有些客人喜欢戴耳机看电视,一旦向客房服务人员询问有没有电视机耳塞时,客房服务人员一定要灵活多变,首先诚恳地向宾客解释,然后向上级报告,第二天准备备用电视机耳塞及时摆放到宾客的房间,宾客的需求及时得到满足,如此服务一定能留住宾客的心。

(6)诚挚送别

服务要善始善终。送客应做好宾客离别前的准备工作和宾客离别时的送别工作。在得知宾客离店日期后,客房服务人员要仔细检查该宾客所委托代办的项目是否已经办妥,委托代办项目的费用是否已收妥,或费用的单据是否都已转至前台收银处。对清晨离店的客人,应提醒总机准时叫醒服务,并询问宾客还需什么帮助及服务。送别宾客时,协助行李员搬运宾客的行李,主动热情地送宾客至电梯口,或代为按下电梯按钮,以敬语向宾客告别。宾客离房后,客房服务人员应迅速入房仔细检查。如发现宾客有遗忘物品,应立即派人追送。

4.3.3 餐饮服务心理

餐饮服务应综合考虑硬件和软件两方面,在环境、设施、品种、特色、质量、价格、服务等多方面进行综合服务。从心理角度分析,餐饮服务工作宗旨就是树立好餐厅形象、人员形象、产品形象,满足旅游者"食"的心理。

1)餐厅形象

餐厅形象要美观,既能体现现代化的豪华,又能融合独特的民族风格和地方色彩。餐厅形象是通过餐厅的布置来实现的,具体包括门面(出入口)、空间、光线、色调、音响、温度、设施标准、宾客与服务人员的流动线路设计等。

餐厅形式要独特。除常规餐厅外,经营者可根据条件与需要,搞旋转餐厅、水上餐厅、火车厢餐厅、地下餐厅、高塔餐厅等。

餐厅门面要醒目。建筑外形独特和餐厅标志醒目,使人一望即能感知;门厅布置要别具一格,有高雅的气氛。餐厅的室内装饰与陈设布局整齐和谐、井然有序、清洁明亮,给人以美观大方、高雅舒适的感觉。

餐厅色调用暖色。暖色调能使人兴奋,有利于增强人的食欲。因此,餐厅的墙壁、地坪、平顶、台布的色彩选择橙黄色与橘红色,不仅与宾客进餐时的兴奋心情相协调,而且有助于增进食欲。

餐厅的艺术陈列品如壁画、地毯、挂毯等要与经营特色协调一致。餐厅主题(如普通餐厅与高级餐厅、中餐厅与西餐厅)布置特色各异。中餐厅挂上几幅中国山水画,配以宫灯、红烛,给人以东方美感。西餐厅则应根据不同国家特点布置得独具特色。若有多个餐厅,则要有不同风采,以供客人选择。例如:大餐厅豪华高雅、富丽堂皇;小餐厅小巧玲珑、清静淡雅。

餐厅光线要适宜。餐厅光线要与餐厅主题相协调:宴会餐厅要光线明亮、柔和,呈金黄色;酒吧光线要幽静、闪烁,显示迷人情调;正餐厅呈橙色、水红;快餐厅呈乳白色、黄色。另外,餐厅光线还要与季节相吻合,如夏天以冷色为主,冬天则以暖色为主。

餐厅空间布置要合理。大餐厅应实行半开型的布局方式,桌椅位次的排列从入口处开始,先节约型、次普通型,逐步向后发展到豪华型。大餐厅在客人少时要用帘子、屏风与活动墙来分割,造成较小的局部就餐环境。座位设计布局对餐厅经营关系也很大,经营者应设计单人座、双人座、四人座、六人座、火车式、圆桌式、沙发式、正方形、长方形、情人座、家庭座等,以满足不同客人的需求。餐座、餐椅之间要充分考虑服务人员服务与客人就餐时的流动空间。

餐厅卫生要清洁。餐厅环境、设施、用具的清洁会使人联想到食品的卫生,使客人放心品尝多种菜肴。餐厅卫生要做到三光(玻璃窗、玻璃台面、器具光亮)、四洁(桌子、椅子、四壁、陈设清洁)。餐厅要有严格的卫生制度:台布要及时换洗,碗碟杯盘要严格消毒,服务人员衣着要整洁。

餐厅音乐应优美。优美的背景音乐,不仅能使客人心情愉快,增强食欲,而且还可掩盖厨房的噪声。根据不同餐厅主题、不同营业时间选播不同的音乐。心理学研究表明:在餐厅里播放节奏明快的音乐,客人停留时间短些,而节奏缓慢些的音乐,会延长客人逗留时间。据此,在快餐厅播放节奏快的音乐,可加快客人就餐速度,增加客人数;在咖啡厅、正规餐厅播放缓慢音乐,可延长客人就餐时间,其花费自然就更高。当然,音乐要和餐厅主题吻合,中餐厅可播放中国音乐,西餐厅可播放西方音乐。餐厅可放背景音乐,也可由乐队演奏或歌手献艺,还可由客人自娱自乐。

餐厅空气要清新,温度要宜人。餐厅轻微的香味能增强人的食欲,油腻味、汗酸气味等会降低人的食欲。餐厅要保持清新的空气,可喷洒空气清洁剂、种植花卉植物。餐厅温度要宜人,气温过高或过低都会抑制人的食欲。

2）人员形象

餐饮服务人员应增强美容观念，使人体自然美与人工修饰美融为一体，给客人以健康、庄重的感觉。餐饮服务人员美容以自然美与修饰美适度结合为原则，以化淡妆为宜，以个人的脸形、肤色、五官、年龄等情况来进行。服务人员穿着独具特色的工作服，与餐厅的主题、环境、设施相协调。

服务人员服饰和身体要高度整洁；发式要简单方便，戴上工作帽后要能完全盖住，避免头发与饰物在工作时落于食品之中；手部的清洁卫生尤为重要，服务人员应随时保持手部干净；不把工作裙当擦手巾，尽量减少手与食品的直接接触；不留长指甲，不涂红色指甲油，以免使人产生厌恶感；工作时不抽烟，不嚼口香糖，不对着菜肴讲话，不坐工作台。服务人员举止力求做到规范而不呆板，言语亲切而不扭怩，声调柔和而不做作，神态活泼而不轻佻，态度热忱而不卑怯，动作利索而不懒散。

餐饮服务人员工作作风细致周到，善于判断宾客的需要，并用殷勤、热情的服务想方设法满足宾客的充饥、享用美食等的合理需要。服务工作技能娴熟，做到：托与端（托盘、端菜），送与放（送菜单、账单，放餐具），倒与斟（倒饮料、斟酒），分与派（分派菜肴），推与拉（推门、推车、拉座位），接与送（接送客人、引位领位），指与示（指路、示意），写与记（写席卡、记菜单）。

餐饮服务人员应适时宣传自己的产品、介绍各种菜肴。在推销产品时注意克服推销不力和推销过头。餐饮服务人员不主动介绍餐厅的特色菜肴，放弃推销的职责与机会不对，而超过了一定限度，使宾客处于尴尬境地，误认为餐厅故意“宰客”，也可能会失去良好的声誉。

3）产品形象

心理学原理明示，有特色的东西易引起人的注意和兴趣。因此，提供优质“产品”关键是要有特色。

（1）设计特色菜单

菜单设计应集中反映餐厅的经营方针，标志餐厅产品的特色和水准，能够起到沟通餐厅与宾客的纽带作用。特色菜单既是宣传品，又是艺术品。它必须符合宾客的心理需要，让接触者一目了然，极容易获得饭菜的名称、数量、价格、色泽、营养、吃法。菜单设计应方便宾客阅读、选择，能引导宾客饮食行为，增强宾客的食欲。设计特色菜单应讲究形式美，色彩、字体版面从艺术角度着手。特色菜单能起到广告作用，应将本店简况、地址、电话、服务内容等包括在内，以便加深宾客印象。根据记忆的位置效应，菜单要突出重点菜肴、特色菜肴，把名特佳肴安排在首位或末位,或用特殊符号标出。菜单文字要有中英文对照,版面设计要活泼美观,文字与空白处要各占50%的空间。菜单中的菜肴不要按价格高低,而要按类别排列。菜单最好能图文并茂,可搞些菜肴样品或模型,使人有直观感。

(2)制作特色菜肴

菜肴质量由菜肴的色泽、味道、外观形状、营养和凉热等因素组成。制作特色菜肴应从色、香、味、形、器、声6个方面入手。

①色。人的食欲与色彩密切相关。暖色能增进人的食欲,如红、橙、金黄、琥珀等;偏冷色彩会减弱食欲,如紫、青等。好的菜肴色泽能呈现出名贵感、高雅感、卫生感和美感,刺激人的食欲。例如,绿色食物呈现清新感;金黄色的食物呈现名贵、豪华感;乳白色食物呈现高雅、卫生感;红色食物呈现喜庆、热烈、引人注目的作用。所以,餐厅在菜肴的制作过程中,要根据不同菜肴的原料特点,配以不同的颜色。

②香。气味也是刺激人的食欲的重要因素。菜肴制作及传菜、上菜,一定要让香气能很好地保留,一端上台就扑鼻而来,能勾起人的食欲;相反,如菜肴缺乏应有的香味,甚至有异味,就会使人倒胃口,严重地影响人的食欲。

③味。味即味道,是菜肴的本质特征与主要特色。客人就餐的主要动机经常是品味。菜肴制作就须在品种、烹调、时令等方面下功夫。菜肴的品种应力求丰富多彩,要讲究花样翻新。烹饪应掌握火候,突出原汁原味。制作结合时令,不断推陈出新。

④形。菜肴突出美味,造型精美。多种食品和菜肴经过艺术加工,逼真的形象和适度的色彩,促使宾客产生强烈的感官刺激,增强食欲。食品造型,可利用雕刻、拼盘技巧来创造。例如,象征吉祥如意的松鹤延年、喜鹊登枝、孔雀开屏,活泼可爱的熊猫戏水、鲤鱼娱水,五彩缤纷的花篮、色彩艳丽的月季、争芳怒放的牡丹,栩栩如生的彩蝶,温顺洁净的玉兔,引人无限遐想、趣味横生的几何图案,将给宾客带来美的享受,满足宾客的自尊及争胜求美的心理。

⑤器。餐具的优雅名贵、卫生洁净、造型优美、图案生动、与食物的匹配等,会对宾客的就餐心理产生积极的影响。餐具造型优雅、色彩和谐、图案新颖别致,体现餐饮服务质量高低。特色餐厅配用特色餐具,千姿百态的碗、盘、碟、壶、杯、盂、罐、刀、叉、筷等餐具,在宾客心目中成为一件件艺术珍品,使宾客产生美的感受。

此外,餐具与菜式还须匹配。第一,餐具颜色与食物色泽要符合色彩搭配的规律;第二,食物与餐具的形状要相宜,应根据不同菜式的形状,分别使用圆形、方形、六边形、椭圆形、扇子形、三角形、长方形及其他形状的餐具，使之对称、协调；第三，餐具的容积和食物的体积要匹配，既不能“胖官骑瘦马”，也不能“小马拉大车”，给宾客造成视觉差异。

⑥声。菜肴的声包括两层含义：其一指菜肴的名称和其中蕴含的知识、故事，菜名要取得好听易记、朗朗上口，上菜时要报菜名以满足顾客的求知欲望；其二指有些菜肴本身能发出声响，例如铁板牛肉、油氽锅巴等，这些自然声响会引发人的食欲。

(3)提供特色服务

在餐饮服务工作的多个环节中，经营者和服务人员应不断改善服务态度和服务方式，采用适当的服务策略激发宾客的就餐动机，满足宾客的饮食需求，诱导宾客的就餐行为。

①迎宾入微。宾客来到餐厅，迎宾员主动上前欢迎，以问候、恭迎的语气招呼宾客，给宾客以亲切感。同时，服务人员通过“一看二听三询问”的方法迅速判断宾客的身份与餐饮动机。“看”就是从宾客的神态、服饰来辨别其身份和目的，例如宾客的国籍和民族，是急于就餐办事还是不太计较时间，是邀请朋友还是独自用餐等。“听”就是听宾客的口音判断其籍贯与口味，听宾客讲话了解他们同行人之间的关系。“问”就是征询宾客的饮食要求，并根据宾客的经济条件、年龄、性别、民族、国别等特征有针对性地介绍和推荐适当的菜肴。

此外，迎宾员在领位时注意把衣着华丽的宾客引到餐厅中央座位以引人注目，既增加了餐厅的热烈和豪华气氛，又满足了宾客的自尊心；把老年、残疾客人引到出入方便的座位；把年轻恋人引到僻静的座位，便于他们谈情说爱；不要把单身女性客人引到四周都是男性客人的座位上，以免拘束。迎宾员领位时要面带微笑、态度热忱、举止文雅、语言得体。就餐高峰时，餐厅座无虚席，迎宾员对后来的宾客要热情相待，分轻重缓急灵活安排；对暂时安排不了座位的也要委婉地告诉宾客等候片刻，用得体的方法留住、稳住宾客。

②点菜入心。宾客一入座，楼台服务员应马上送上小毛巾给其净手，送上茶水以示接风，迅速创造一种热情待客的气氛。宾客点菜时，服务员要发挥参谋和引导作用，要注意不同的宾客有不同的需要，有针对性地推荐菜肴；介绍菜肴时要全面、细致、客观、实际、以诚待客；推荐一般要从中低档价格向中高档价格推荐，以满足宾客的自尊心；推荐时要讲究语言艺术，注意语言修饰，介绍时不要笼统抽象，要具体明了。

③就餐入神。走菜速度要快。服务员对出勺慢的菜要事先向宾客说明，让宾客心理上有准备。上菜时，服务员的双手、服饰要保持高度清洁，端盆时大拇

指应翘起,千万不能把大拇指插入菜中或汤中;送酒时要拿底部,千万不能碰到酒杯口;上菜前要揩干净菜盆边上溢出的汤汁;器皿要完整,不能破损。宾客就餐时,服务员要眼观六路,耳听八方,及时发现宾客的需要,提供超前服务。对宾客的特殊要求,服务员要关心备至;对带小孩子就餐的宾客,为其准备孩童椅子,不引人注目地把调味瓶等物品移到小孩够不着的地方;对残疾人要理解尊重,细心给予照顾,时刻掌握分寸,避免伤害他们的自尊心;对喝醉酒的宾客要安排到不干扰他人的座位或单间餐厅,并想方设法让他们早些醒酒或回房间;宾客突然发病,要采取急救措施,赶快送医院治疗,同时把宾客的钱物保管好;就餐时间即将结束,不能用语言或用动作直接或间接地催促客人离座。总之,宾客就餐,服务员工作应入神,心要细,意要诚,工作做在前。

④结账入时。服务人员细心观察,掌握结账的时机,认清宴会的主人。结账时要悄悄地把账单藏于托盘,盖上口布送于主人;不要唱收唱付,不要让主人的亲朋看到;结账、找零钱速度要快,找零的钱币要干净整洁。

⑤送客入情。送客时,服务员应提醒宾客携带好随身物品,用热情的言语送别宾客。宾客离开后,服务员依然要细心观察宾客有无遗漏物品,给宾客留下良好的最后印象。

4.4 导游服务心理

导游工作至关重要。被美誉为“国家的代表”“民间的大使”“友谊的建筑师”的导游员,其接待服务工作中的基本要素是语言知识和服务,其中服务是关键。

4.4.1 接待服务心理

1)分析接待计划,做好心理预测

导游员在接到带团计划时,应推测分析即将接待旅游团中旅游者的旅游需求、旅游动机、旅游者与团队的心理与行为特点,制订导游接待计划。这种心理预测可以通过接团通知和以往的客史档案积累的资料来推测。因此,接待前的心理预测应尽可能做得细致、全面、具体。例如当旅游者抵达后最迫切的需要是什么?住房分配如何满意?如何妥善处理?活动的安排怎样照顾到一般和特殊?旅游者是否有陌生感?顾虑有哪些?如何满足其猎奇心理?

2)合理安排活动日程与内容

导游要本着"客人第一,为客人服务"的原则和对客人负责的精神,对接待计划进行分析研究并从有关方面了解情况后,制订合理的实施方案。合理安排旅游活动日程与内容应遵循主随客便,对来自不同国家(地区)、具有不同旅游动机的旅行团要有不同的安排。

3)接待准备就绪

导游人员要圆满完成导游任务,首先要进行相关知识的储备。牢牢掌握旅游目的地及客源国的自然、社会、历史等方面的知识,以利于和旅游者交流,尽快排除旅游者的紧张与不安,为游览活动做好准备。其次,必须准备好在导游工作中所需的所有物品以及旅游者在食、宿、行、娱时的设施。例如,导游人员个人生活及工作必需用品、日程安排、团队分房名单及交通工具等。周到、齐全的物品准备是游览活动得以顺利进行的重要保证。最后,应注意锻炼身体、劳逸结合,保证始终以充沛的精力投入工作。同时,还应加强自身心理素质训练,以优良的品质、良好的性格、较强的独立工作能力展现在旅游者面前,给旅游者以信赖感和亲切感。

4)致好欢迎辞

欢迎辞要在旅游团抵达前拟订好,何时何地致辞要视具体情况而定。欢迎辞的内容要因旅游者的国籍、旅游团性质、旅游时间和地点、成员身份不同而有所区别,不可千篇一律。致辞态度要真诚,说话要符合身份,不能使旅游者感到不真实。根据旅游者的心理需求,一篇好的欢迎辞至少应包括以下4个方面的内容:

①问候旅游者。向旅游者表示热烈欢迎之意。

②介绍自己。介绍自己和其他参加接待人员的姓名与职务,在旅游车上应介绍司机的姓名与他所驾车的车牌号。

③表示态度。表示自己的工作态度,愿努力工作,解决大家的各种困难。

④祝愿愉快。祝旅游者旅行愉快、圆满,并希望得到大家的合作与谅解。

【相关链接4.2】

香港十佳导游之一王少明先生致辞:"各位早晨好,欢迎大家光临香港。我是王少明,今天非常高兴有机会与各位一起游览九龙与新界。这个观光节目全程70英里,需时5个钟头。各位如果有什么问题,请随便提出,我将尽我所知为各位解答。祝大家今天旅程愉快并喜欢我的景点介绍。"

德国柏林导游小姐用英语、德语讲了两遍欢迎辞:"女士们,先生们,早上好！我叫斯塔·毕特尔，是大家市容游览的导游。今天我非常高兴，因为我的客人中有来自远方文明古国——中国的客人，这是我第一次接待中国朋友。我向你们表示特别的欢迎！我们的司机叫济长斯，他是位可信赖的司机，车开得既安全又舒适。以后的3个小时我们将同各位共同游览柏林。我将努力为大家导游，希望大家喜欢我的导游服务。祝大家今天上午过得愉快。”

4.4.2 讲解服务心理

1)激发兴趣讲解

首先，讲究导游语言的质量。导游人员应注重导游语言的针对性，因人、因地、因时而异。如旅游团队是知识分子阶层，就得采用严谨与规范的导游语言；若是一般文化层次的团队，使用通俗化语言较适宜；在景物较单调或与别处重复的景点，应讲解其异同，以免单调乏味。注重导游语言的科学性，科学性越强就越能激发旅游者的兴趣，满足旅游者的求知欲。注重生动、形象、幽默、饶有趣味或发人深省的导游语言，引人入胜。导游人员应从古今中外的知识宝库中汲取营养，丰富词汇，并使语言活泼风趣生动高雅。

其次，重视导游讲解的艺术。讲解时要抓住旅游者最想了解什么的心理特征，突出重点，简明扼要。比如，在游览南京时，导游员要根据旅游者心理，抓住南京的“古”（六朝古都，历史悠久）、“大”（有中国最大的城墙、最大的桥）、“重”（在历史上、地理上都有重要地位，出现重要人物）这些特征来进行介绍。又如，游览北京故宫时，面对近万间房屋的宫殿群，导游员要根据旅游者心理，重点讲解皇帝重大活动的场所；皇帝和后妃正常生活起居的地方；重大历史事件发生和重要人物活动过的地方；故宫珍宝展览等。同时应注意讲解时间不宜过长，应让游客有静心观赏的时间。再如，过巫峡神女峰时，有经验的导游一般只用5分钟时间把神女峰的美丽传说作概要的介绍，便不再讲解，而是让旅游者自己观赏。如果长时絮叨，必然影响旅游者对神女峰的欣赏，降低游览效果。

2)调节情绪讲解

首先，顺其意愿讲解。利用旅游者感兴趣的话题调节旅游者情绪：用具有知识性的话题激发旅游者，满足其求知欲；用珍奇传说之谜刺激旅游者的好奇心；用尊重旅游者身份、地位、才智的话语满足旅游者的优越感；用笑话、幽默增添旅游者的兴致；用决定行动的话题，如游览线路安排、交通食宿、天气预报等调节旅游者情绪。

其次，巧妙制造悬念，集中注意力。利用旅游者总想知道一个故事的结局或一件文物来历的心理，巧妙地安排讲解内容，把旅游者带入悬念中，却不立即作答，而是“吊胃口”，在返回的路上再详细介绍，这就使得归途中有话可讲。

3）满足需求讲解

导游员讲解应以满足旅游者的知识需求和尊重需要为目的，讲求随机性和灵活性，因人而异、因时而异、因情而异、因景而异。

(1)讲解因人而异

导游员对旅游者的国别、民族、职业、年龄、个性、爱好、文化素养、旅游动机等有所了解，能针对性地做好服务工作。比如，欧美旅游者对中国古老的文化较为生疏，给他们讲解白娘子与许仙的爱情悲剧时，与他们熟悉的罗密欧与朱丽叶的爱情悲剧联系起来，这样旅游者不仅容易理解，而且倍感亲切。又如，面对求知欲旺盛的少年儿童，讲解时要语言活泼流畅并富于启发性；中年人较内向，探求心切，讲解时应抓住重点，详略适当，并介绍推荐有关资料；老年人兴趣虽高，但易于疲劳，应多加关照，不宜讲得太多。

(2)讲解因时而异

导游员讲解时应充分考虑时空因素。比如，带队出发前应向旅游者报告当天天气情况，提醒旅游者带全衣物；在车上，要报道与旅游者有关的新闻；行车过程中，要经常将所处方位告诉旅游者，提醒旅游者注意安全；在沿途风景优美、空气清新的地方，应停车以便旅游者拍照或下车活动筋骨等。冬季寒冷，讲解少在室外，若要讲解也应简短并选择阳光充足的地方为宜。夏季炎热，讲解应选择室外阴凉处。春秋季节气候宜人，可以多讲多看，边走边讲，参观游览时间可安排充裕一些。

(3)讲解因情而异

导游员要善于感知和观察旅游者的心理活动，以便随时调整自己导游讲解的详略、快慢和深浅。旅游者兴致正浓，希望多讲，你就多讲；旅游者感到疲倦，或愿意自己欣赏，你就少讲或换一个内容讲。这样才能使旅游者感到导游人员理解他们的心情和需求，产生信任感和亲切感。在闲暇时间，导游员与旅游者交谈时也要注意因情而异，切忌在对方谈兴正浓时终止交谈，又不可勉强延长交谈时间，要适时地结束交谈，给对方留下一个愉快的印象。

(4)讲解因景而异

导游员讲解时应充分考虑不同的景致，采用不同的讲解方法。每一个景区都有其代表性的景观，而每个景观又都有从不同角度反映其特色的内容。导游讲解一定要因景而异，得景随形，巧用技艺，妙趣横生。这样才能突出景观的独特性，让旅游者能够充分体验景观的与众不同之处。

4.4.3 综合服务心理

第一，向旅游者索取必要的证件与票据。证件主要有护照、旅行证等。索取时要看清楚签证日期、出境地点、有无夹带其他证件。票据主要有机票、火车联运票等。导游员应查清票面航次、车次、日期、到达站、座位等。导游索取证件与票据时要有口头或书面交代，用毕后及时归还旅游者，不要放在自己手提包内。

第二，帮助客人填写入店登记表。导游员应记下全团人员的房间号，特别是团长的房间号，以便有事商量。

第三，介绍饭店的服务项目。

第四，照顾旅游者进客房，陪同旅游者清点行李，协助行李员将行李送入房间，主动向楼层服务员介绍旅游者的情况与要求，争取配合，作好接待。

第五，带领旅游者吃好第一餐。导游员应带领旅游者进入餐厅，帮助找好座位，介绍综合服务、供应标准和免费提供的项目，将团内成员饮食要求转告餐厅负责人，最好能把团长介绍给餐厅有关人员，以便在接待中联系。

第六，谈日程安排和活动细节。谈日程的地点可在到住宿地的路上，也可在团长的房间，一些重要团、专业团可在会议室进行；谈日程的对象一般是该团团长、领队或秘书长，若领队希望团内有名望的人参加也应当欢迎；谈日程的安排应以合同为主，尽力引导旅游者按我方安排进行。谈日程的原则主要有：尽量满足绝大多数旅游者的要求；保持已制订的日程内容不作较大变动；尽力满足重要人物的个别要求和普通客人的特殊要求；对全团有异议的节目应本着少数服从多数的原则；在变动日程确有困难、正当要求又不能满足时，要耐心解释，以便得到大多数人的谅解；对记者团、旅行社代理团，要全力满足其要求。

第七，协调好客我关系。导游员与领队的关系，事关重大，不可掉以轻心。导游员应研究领队的个人性格、兴趣，遇事多征求意见以示尊重。同时，导游员要带好一个旅游团，就需要增强旅游团内的凝聚力，促成其成员的从众行为。团内成员的行为从众与否，要看他的行为是否影响团体全局。如一个人的不从众行为会使整个旅游日程无法按计划进行，后果较严重，应该说服他服从大局；如个体不从众行为不影响团体，进行适当安排后允许个人自由行动；如个人确有不可克服的困难而不能从众，则应对其表示同情和关照。即使遇到冲突，导游员也应先作具体分析，检查自己的工作是否有误。

4.4.4 送客服务心理

首先,作好送别准备。送别前要结清账目,核实证件与字据,向下一站联系人做好交接工作,通知楼层服务员提前结账,搬运行李,征求旅游者对接待工作的意见。

其次,筹备自娱自乐的联欢会。送别前夕的联欢会可以增进友谊,消除旅行中的不愉快因素,加深印象。送别之时,应有惜别之情,不可嘻嘻哈哈、随随便便,衣着应比平时庄重些。离饭店前要提醒旅游者有无遗忘物品,上车前要认真清点人数,待全团到齐、得到领队确认方可开车。在分离地,行李员和领队交接行李,清点件数,拿好行李牌。待一切事情办妥,导游员可送旅游者到入口,并主动与旅游者握手告别,说几句祝福的话。告别后不能立即离开,一定要等飞机起飞、火车离站、轮船出港方可离去。

致欢送辞。欢送辞的内容有4方面:表示惜别,感谢合作,征求意见,期待重逢。

夏威夷孙苇苇导游的欢送辞令人难以忘怀:“各位朋友,天下没有不散的筵席。时间过得真快,你们要回国了,我为你们高兴,回去可见到你们的亲人;但我又难过,真舍不得离开你们。通过几天的相处,得到大家关照,旅行进行顺利,这是由于各位的合作与理解,对此我由衷地感谢大家。我们有幸这次相遇,深信将来有缘还会再次相逢,我期待着去北京,各位将来带我到各地看一看。我祝大家旅途顺利、身心健康。”然后他和大家深情地唱起《告别歌》:“到了别离时间,就要说声再见;尽管天南地北,我也会把你想念,短短的相会就要分别,何时再相见……”

做好总结。总结内容包括:旅行团名称、人数、抵达时间、全程路线;成员基本情况、背景、旅游期间的表现及特点;团内重点人物的反应;对接待工作的意见要求;发生过的重大问题及处理情况;尚需办理的事情;各地合作情况;自己工作体会及今后的建议等。总结要真实详尽,旅游者的意见要尽量引用原文,不能报喜不报忧。体会要写得深一些、细一些。

4.5 旅游交通服务心理

现代旅游业的发生、发展有赖于旅游交通服务,如合理的交通线路,先进的交通工具,配套的交通服务设施(机场、车站等)及优异的交通服务,等等。旅游交通服务包括人们离开居住地到达目的地的交通服务和在旅游地游览时的交通服务。

4.5.1　不同的旅游交通方式对旅游者的心理影响

现代旅游业的发展,使飞机、火车、各种类型的游览汽车、游船等已成为旅游者旅游的主要交通工具。但是在旅游活动中不同交通工具对旅游者的影响是不同的。

1)飞机

旅游者乘坐飞机不仅仅是一种时尚,更重要的是飞机具有速度快的特点,能在较短的时间内作长距离的旅行,尤其是作远距离的国际旅游的首选。飞机机型、价格与服务对旅游者的影响很大,旅游者偏重于对安全、价格和服务的考虑。

2)汽车

汽车随着汽车工业的发展,运营网络扩大完善,高速公路的兴建已成为旅游者短途外出旅游的主要交通工具。汽车具有自由、方便、灵活的特点,但安全系数相对火车来说就比较低了。外出旅游乘坐汽车时,选择上可能除了公路的路况外,更注重车型、车况、设备等。比如,游览车的车窗是否特别宽敞,车内是否有空调设备,座椅是否舒适,等等。

3)火车

火车在旅游者心目中是较为安全可靠的,在我国的旅游交通中发挥着重要作用。在世界许多国家里,由于火车车次多,乘车方便,高速行驶,服务周到而深受旅游者的欢迎。但在旅游者对旅游列车的选择上,对运行速度、始发及到站时间、舒适度、服务考虑较多。旅游者一般喜欢朝发午至或夕发朝至,以增加观光游览时间。一般希望自己乘坐的列车外形美观,车内装饰高雅,设备齐全,服务热情周到。

4)游船

乘船旅游的特点是速度慢,比较安全,对沿途的景物能从容地观赏并有时间细细品味。另外,乘坐大型游船还有比较舒适休闲的感觉,所以有人把大型游船称为“浮动的休养地”或“浮动的大旅馆”。一般来说,旅游者比较重视游船所能到达港口城市的多少、距离的远近及港口城市游览景点的多少。另外,游船的舒适度,餐厅的膳食是否丰盛,游艺厅及娱乐活动是否有特色,购票是否方便等方面也影响着旅游者。

5)出租车

国外旅游者有时自己开车旅游或在旅游区改乘出租汽车作为代步的工具。如果出租车司机服务良好、态度和蔼可亲、礼貌热情又具有一定的外语能力，汽车外形美观清洁，利于旅游者良好知觉的形成而乐意租用。

4.5.2 旅游交通服务心理策略

在旅游交通服务中，针对旅途中旅游者的一般心理和行为特征，结合旅游者的心理需求和对旅游交通的知觉，采取一些改进旅游交通服务的对策，以满足旅游者精神和物质上的需要，减少旅游者旅途中的挫折感是很有必要的。

1)安全第一

安全是旅游交通的生命线，是旅游活动的首要前提。旅游交通部门在确保旅游者生命财产安全的前提下，要经常检修交通工具，加强对司乘人员的安全教育，对旅游者宣传旅行安全知识。如果出了事故，必须及时采取抢救和善后处理措施，并抓紧对事故原因进行调查处理。

无论是飞机、火车、汽车、轮船等现代旅游交通，还是中国传统的交通工具，如游览小巷胡同的三轮车，用于体育旅游与郊游的自行车，用于沙漠旅游的骆驼、勒勒车(蒙古式牛车)，用于草原旅游的马匹、牛车，用于山地旅游的轿子、滑竿、溜索，用于水上旅游的游船、画舫、竹筏、羊皮筏、乌篷船等，安全应放在首位，否则一旦发生伤亡事件，就会对旅游者及家属、亲友带来灾难和恐惧，对旅游交通服务的形象产生极大的负面影响。

2)设施一流

旅游交通服务的设施是为旅游者服务，并提供最佳心理效果的硬件。俗话说“工欲善其事，必先利其器”，因此加强硬件建设，使机场、车站、码头、运输工具逐渐实现现代化、网络化。例如，北京首都国际机场作为现代化的航空港，拥有世界先进的各种大、中型客机，而且可以保证世界上任何类型的飞机在复杂的气候条件下顺利起降，从而解除了旅游者对交通的担忧，使旅游者随时来得了、走得开，行动自由。

3)服务至上

旅游交通服务是为旅游者提供的一种服务。因此，必须加强交通服务的软件建设，提高旅游交通服务的质量，使旅游者获得最佳的效果。软件建设尤为重要的途径是培养服务人员良好的心理品质。如高尚的情感,坚强的毅力、意志,敏锐的观察应变能力等。旅游交通服务人员应善于了解旅游者的好恶、困难、需求和愿望,善于捕捉旅游者心理和情感的变化。在客观条件许可的情况下,“动之以情,晓之以理”,尽量满足旅游者对旅游交通的合理要求,做好旅游者的知心人。

4)服务“一条龙”

“在家处处好,出门事事难”说明的主要是交通不便。因此,旅行社或旅游交通部门应实行接送、游览、导游解说、食宿等项目“一条龙”服务,方便旅游者。尤其是团体包价旅游,不仅可免除旅游者的劳累,而且在价格上也相对优惠。

服务“一条龙”体系具有全程联网的特点,涉及不同的管理部门和各种交通工具,要求强化质量意识和服务意识,协调处理好各种关系,实行全面质量管理。其服务体系好像一架“大联动机”,具有很强的系统性和依托性,需要从旅游者入境到出境的整个过程中,在民航、铁路、车船队、饭店、餐馆、旅游点等部门之间做大量的组织联络与协调工作,要求在接待服务和交通工具等方面在时间上要有精确的安排、周密的计划,努力把由突发性问题给旅游活动造成的影响减少到最低限度,使行、游、住、吃、购、娱各环节环环衔接。而旅游者只需将有关费用一次付清,出发后即可按照预定日程旅行游览,免去了途中多次购票等烦琐手续,满足了求方便的心理需求。

【相关链接4.3】

2005年8月28日下午,文花枝所带团队乘坐的旅游大巴在陕西省延安洛川境内意外遭遇严重交通事故。在等待救援的过程中,昏死多次的文花枝,不断地用她平静的声音鼓励已挤成一团的游客,而在救援人员赶到后,文花枝又请求救援人员先救游客。她的位置距离抢救队员最近,但是她却一直请求抢救队员先救里面的乘客不要管她。她用自己那微弱的声音指挥着救援行动,每一次救援队员试图先把她从车身下抢救出来的时候,她都坚持一定要先救其他人。在抢救的过程中忽然有一个镜头定格了——文花枝面对众人露出了微笑。她在死神面前绽放出最美的微笑,微笑中所绽放的是顽强的生命力和无限的希望。此时,她的微笑变成了一种美妙的音符,传递给在场的每一个人,但是她忍受的却是钻心刺骨之痛。当车厢内最后一位受伤乘客被抢救出来之后,她的那股子精气神儿一下子松懈了下来,昏迷过去。在场的救援人员真怕她昏迷后就不再醒来。她只是一个22岁的女孩,拥有花一般的年龄。对她的救援远比抢救其他人要困难得多,她的双腿被紧紧地压在一个汽车座底下,而这个车座已经严重变形,当救援人员费尽九牛二虎之力把她从这个车座底下拉出来的时候,她已经失血过多,危在旦夕,而且她的左腿骨已经裸露在了外面,连救援人员都不忍心再看了。文枝花被送到了附近最近的一家医院,但是由于伤势严重、伤口感染、失血过多而造成休克,随时有生命危险。于是大家赶紧用最快的速度通知她的家人。消息对于她的家人犹如晴天霹雳。医生说如果要保住性命,必须截去左腿,但是截去左腿后也不一定能保住性命,最好转院到省医院进行救治。大雨如注、路途遥远,但不转院文花枝性命难保,最终大家一致决定再困难也要转院。在命悬一线的时候,在手术室门口,她做出了"胜利"的手势,用尽最后的力气问:"乘客怎么样?"此时周围的人甚至怀疑眼前的她是否是他们原来认识的那个俏皮可爱的小姑娘。手术完成了,当得知手术结果后,母亲号啕大哭,觉得生活对他们的女儿太残酷了。父亲抱着女儿被截下来的左腿也失声痛哭,血迹染遍了父亲的全身。她自己得到噩耗后,只是有些惊诧,由于还在术后麻醉期,所以还感觉不到被截肢的剧痛。当时她的表情异常冷静,这一举动让很多人都不理解,之后她却擦去眼泪安慰周围的人说:"大家不要为我难过,这些都是我应该做的。"

4.6 旅游景区景点服务心理

旅游景区景点是能够吸引旅游者,满足旅游者需求,经行政管理部门批准,有统一管理机构,范围明确,具有多种旅游功能并提供相应旅游服务设施的独立系统。它是旅游业凭借特定的空间范围内的旅游资源向旅游者提供优质服务的场所,是旅游资源要素有机组合后形成的旅游产品。

4.6.1 旅游景区景点产品概述

旅游景区景点产品是为了满足旅游者需求与欲望而产生的有形商品和无形服务的综合。景区产品有形部分为可视的设施设备及制成品,如景点、饮食、住宿、厕所、商亭及旅游纪念品等,无形的部分为不可视但可体味到的服务,如服务人员的素养、环境的幽雅、背景音乐等。旅游景区产品向旅游者提供共享性使用权,而每个旅游者只享有暂时性使用权,因此旅游景区管理效果和作用取决于旅游景区产品被哪些人共享,共享者之间是互补还是矛盾的。

旅游景区产品主要目的是满足现实或潜在旅游消费者需求与欲望,它一旦产生便不可转移、不可储存,其生产与消费同步进行,无法标准化生产。景区产品不能在购买前试用,只有当旅游者亲自经历才可体验,体验后除了感受和照片外，无法带回也无法退换。影响和制约景区产品的因素包括季节、气候等自然因素以及其他政治、经济、社会因素，因此景区产品季节波动性和脆弱性强，如2003年SARS对中国旅游业乃至世界旅游业的影响是巨大的。

旅游景区产品最本质的特征是体验和经历，其品质取决于设施的维护程度与使用程度、员工的服务质量与综合素养、旅游者的期望值与信赖值甚至气候、交通、经济、社会等一系列因素。旅游景区设施设备主要有基础设施与上层设施，包括宾馆、商店、银行、邮局、电力、医院、水、厕所、排污系统、游乐项目等，这些直接影响着旅游者的生活，决定着旅游者的心情。旅游景区员工的服务质量是一只无形的手，牢牢地抓住旅游者的心，服务员的仪容仪表整洁大方、态度热情诚恳、行为端庄优美、综合素养高，往往会对旅游者产生长远的吸引力与感染力。旅游者的期望值与信赖值主要体现在旅游前的紧张、旅游中的兴奋与轻松、旅游后的回味无穷，当景区的产品的实际价值与旅游者期望成正强化时，旅游者就会留下美好的印象；若为负强化时，旅游者往往大失所望；若相当时，只觉得物有所值而已。此外，旅游景区当地的社会、经济、气候、交通等也制约着旅游者对景区产品的体验，一个社会动荡、经济落后、气候异常、交通不畅的地区即使有独特的旅游景观也无法吸引旅游者前往游览。可见，旅游者对旅游景区的体验因不同因素的影响而千差万别。

4.6.2 旅游景区景点服务心理

1）旅游景区接待人员服务心理

美国商业旅馆的创始人埃尔斯沃思·斯塔特勒先生曾经指出："服务指的是一位雇员对客人所表示的谦恭的、有效的关心程度。"这里的"谦恭的、有效的关心"就是对服务态度的要求。国际旅游界认为，"服务"这一概念的含义可以用构成英语Service（服务）这一个词的每一个字母所代表的含义来理解，其中每一个字母的含义实际上都是对接待服务人员的行为语言的一种要求。

第一个字母S，即Smile（微笑），其含义是服务人员要对每一位旅游者提供微笑服务。第二个字母E，即Excellent（出色），其含义是服务人员要将每一项微小的服务工作都做得很出色。第三个字母R，即Ready（准备好），其含义是服务人员要随时准备好为旅游者服务。第四个字母V，即Viewing（看待），其含义是服务人员要把每一位旅游者都看作是需要给予特殊照顾的贵宾。第五个字母I，即Inviting（邀请），其含义是服务人员在每一次服务结束时，都要邀请旅游者再次光临。第六个字母C，即Creating（创造），其含义是每一位服务人员要精心创造出使旅游者能享受其热情服务的气氛。第七个字母E，即Eye（眼光），其含义是每一位服务人员始终要用热情好客的眼光关注旅游者，预测旅游者需求，并及时提供服务，使旅游者时刻感受到服务人员在关心自己。

旅游景区接待人员服务态度是树立旅游景区正面形象的关键因素。由于态度的强度和方向的不同，对旅游者心理和行为的影响主要表现在好的服务态度能感召和感化旅游者，不好的服务态度给旅游者带来反感与激化。那么，景区接待人员应如何确立良好的服务态度呢？

(1)自重

景区接待人员要确立良好的服务态度首先要自重。常言说得好"欲得人重，必先自重"。服务人员应培养爱岗敬业的精神，应扮演好自己的角色，为旅游者提供优质服务，满足旅游者需求。千万不能因自卑感而厌恶服务工作，或与旅游者据理力争，或态度粗暴，或表现出不耐烦情绪等，这是服务工作的大忌。

(2)自强

景区接待人员的文化修养、职业意识和心理素质决定服务态度的优劣。景区接待服务人员应自我提高，自我发展，增强自己的才智，用良好的心理素质，如忍耐力、克制力和稳定乐观的心境，主动自觉地形成和保持良好的服务态度。

(3)完善行为

景区接待人员服务行为表现在服务表情、服务举止和服务语言上。完善服务行为就是要求接待人员有愉快的表情和发自内心的自然微笑，挺直、自然、规矩的站姿和平稳、协调、精神的走势及良好的语言表达能力。

(4)改善环境

环境影响情绪，情绪影响态度。旅游景区工作环境条件差、设施设备简陋、用品陈旧，或客流量大、工作无秩序、干群之间不协调、同事关系紧张，必然会导致接待人员情绪低落，产生不良的服务态度。因此，旅游景区应设法改善工作条件，协调人际关系，改进领导作风，密切干群关系，科学管理景区，为确立良好服务态度创造良好的环境。

2)服务设施与服务心理

(1)旅游引导标识

旅游景区应设置中英文对照的道路交通标识、引导标识、景点说明牌、标志牌；在景区主要道路和景点设置国际公用信息图形符号、中英日韩文字的旅游导游图、导游牌；在景区星级酒店和旅游接待服务场所推广使用中英日韩文字的服务标识、宣传材料和电视触摸屏。

旅游引导标识直接目的在于教育、指导旅游者对旅游景区的认识。它将景区信息视觉化和听觉化，强化和规范旅游者在景区的行为活动，有助于提高旅游景区的文化品位。旅游者通过引导标识服务能提高对旅游景区价值的评估，自觉遵循旅游指南提供的线路，支持旅游景区各项政策与措施，主动配合景区资源保护。

(2)咨询服务系统

旅游景区应在旅游消费者主要集散地、商业区以及其他景区，建设或借助旅游行政管理部门设立的多功能旅游咨询服务中心和旅游咨询服务站，形成具有景区形象宣传、信息咨询、自助查询、紧急求援、旅游投诉、旅游代理预订、旅游纪念品展销等服务功能的旅游散客咨询服务网络，方便散客自助旅游。

旅游景区咨询服务系统应以目标市场为导向，利用政府引导和社会参与方式进行，有计划、有步骤地设立。在旅游景区设立咨询服务中心，通过广播、网络系统及时有序地宣传咨询，为旅游者排忧解难，真正成为旅游者的支援前沿阵地。旅游者利用咨询服务系统不仅能对旅游景区进行旅游前的全面认识，而且在旅游中需要紧急帮助和支援时又能迅速得到解决，增强了旅游者的信赖感和忠诚度，提升了景区的综合实力。

(3)旅游交通设施

旅游景区应加快海、陆、空运输系统建设，完善交通网络。改善景区道路，在主要旅游景区、商业区和游客集散地建设适宜大型旅游团队车辆停放的停车场；在新建旅游景区建设与接待规模相适应的生态停车场。

旅游活动的开展首要在交通，就算是风景再优美的旅游景区，旅游者若是没法到达，亲临欣赏，那也成为“养在深闺人未识”的境遇。因此，旅游景区交通设施直接影响着旅游者的游览心理和行为，只有交通网络发达，旅游者时间与空间心理距离越短的景区，才能促成旅游者实现现实消费，否则，旅游者只能望景兴叹了。

(4)旅游公厕

旅游者在景区旅游对旅游公厕的要求非常高，本来是风景秀丽服务周到的景区给旅游者留下了美好的印象，但由于没有便利的地方如厕或如厕的地方污秽不堪，造成旅游者尴尬局面，就会留下难以磨灭的阴影，对景区的体验唯有不快了。因此，在主要旅游景区、商业区和游客集散地，每年应规划建设和改造一批旅游公厕和城市公厕；对商业和公共设施的公厕进行升级改造；将公厕建设纳入城区和景区管理的考核指标，使旅游景区的旅游厕所达到国家旅游区质量等级标准。

4.7 旅游购物服务心理

4.7.1 旅游商品概述

旅游商品只有在广泛进行市场调查和心理分析,并充分了解各类旅游者的购物需求的基础上,进行设计与生产,才能适销对路。

1)突出纪念性、艺术性与实用性

旅游消费活动具有异地、异时、异常的特点,受到时空的制约。旅游者旅游得到的是一种经历、心理体验和精神享受。如何让在异地、异时的美妙感受能永久地保持下去,并使这种愉快经历、体验能在以后重温回忆?拍照、摄像、购买旅游商品就是一种极好的方法。因此,旅游者迫切希望旅游商品具有纪念性、艺术性与实用性。对旅游商品来讲,纪念性比经济性重要,艺术性比实用性重要。设计生产出美观大方、款式新颖、工艺精巧的旅游商品,一定能得到旅游者的追捧。

2)体现本国风格、民族风格与地方风格

只有具备特色的旅游商品,才会有吸引力。旅游商品设计与生产应结合当地的自然风光、历史传说或典型建筑来造型或构图,并用当地特产的材料来制作,以突出民族特色与地方风格。如极富特色的工艺品、药材、仿古文物、少数民族服饰等,深受旅游者的广泛欢迎。而旅游商品如果脱离当地风俗习惯,与游览景点的主题无关、失去特色,它就不会有生命力。

3)设计生产系列化、多样化、配套化

旅游商品设计和生产花色品种繁多、规格齐全,才能满足旅游者的不同需求。琳琅满目、丰富多彩、品种齐全、规格多样的商品,本身呈现的就是美,满足了旅游者的实用需要和审美需要。旅游者购物需求普遍有之,其中高收入、高消费者只占少数,绝大多数旅游者属于中、低收入阶层。因此,旅游商品设计生产应以中、低档为主,尤其是成本低、售价低的小型旅游纪念品,纪念意义强,往往最受旅游者的欢迎。

4)结合就地选题、就地取材、就地生产

旅游商品的设计和生产在选题、取材、规模上应密切结合旅游目的地。立足当地的旅游商品,特色才会鲜明。旅游商品只有体现当地的文化传统、当地的游览主题,旅游者才会青睐。

5)注重包装与陈列

旅游商品设计生产还应注重包装,应充分利用美学原理和心理活动中的联觉与错觉现象。如用淡颜色包装大而沉重的商品,能使人觉得较为轻巧;某些化妆品、高级滋补品可用方形容器或厚底容器包装,给人以分量较重的感觉。此外,不同类型的旅游者对包装的要求和理解不同,如男性旅游者希望包装设计风格刚劲有力,突出科学性、实用性;女性旅游者则喜欢包装设计构图精巧、线条柔和、色彩艳丽,体现艺术性与流行性;老年旅游者要求包装风格古朴,展示传统性和习惯性;少年儿童则喜爱新奇、色彩鲜明、具有知识性和趣味性的包装。

旅游商品陈列就是通过布景道具的装饰,配以灯光、色彩、文字说明,运用美学的基本原理,艺术地对商品进行宣传的过程。在陈列中,要运用多种艺术手段使旅游者的感官对陈列的商品易于感知、记忆和引起兴趣。根据知觉对比理论,橱窗的背景要突出,色彩要鲜明,光线要柔和,与商品的对比差异要大,才易于人们感知商品。商品排列要根据人的视觉规律从上到下、从左到右排列,主要商品排列的位置要与客人的视线持平。商品要选精品,按主次类别合理摆布。商品要保持整洁,一尘不染。陈列要讲美感,对如何排列、突出什么、用什么作陪衬,都要通盘计划,做到和谐统一。对重点商品,要放在最佳位置,以吸引人的视线。

4.7.2 旅游购物服务心理

1)服务人员要善于观察,提供针对性服务

在旅游者购物时,服务人员要通过观察旅游者的表面现象,分析其心理活动规律,采取针对性的措施和准备。“听其言,观其行,察其意”,指的是服务人员要善于察言观色,通过对旅游者特定的言语、神态、表情、动作、打扮、年龄、性别等外表现象的观察了解,经过思维分析、比较作出判断,有针对性地为旅游者服务。

观察时,服务人员要高度集中注意力,动用感官来观察和用“脑子”来思索,获取良好效果。在接待旅游消费者时,服务人员要合理分配注意力,注意的范围要广,真正做到“接一顾二联系三”。也就是说,在旅游者多时,服务人员在接待第一位旅游者时要兼顾联系周围其他的旅游者,千万不要冷落了他们,这是留住旅游消费者的重要方法。

2)服务人员要善于接触,不失时机促销

服务人员应掌握接触旅游者的时机,注意讲第一句话的艺术。在旅游者走进商店尚未接近柜台与商品时，服务人员要精神饱满，站立姿态优雅，用眼睛的余光注视着周围旅游者的举动，等待时机去接触客人，努力树立良好的第一印象。

当旅游者处在“环视观察”商品时不宜过早地搭话，因为这样可能会引起客人的戒备心理，使那些还没有看准购买合适商品的旅游者产生不安的情绪而快快离去。接触旅游者的最佳时机是，当旅游者长时间地凝视某一商品时，或用手触摸商品时，或到处张望似乎寻找什么商品时，或与服务人员视线相碰时。此时，服务人员应面露微笑，一边礼貌地招呼“您好”“欢迎光临”“我能为您做些什么”，一边走近旅游者为其服务。当旅游者购物心理处于“比较研究”阶段，想对商品进行仔细了解时，服务人员应详细指出每种商品的优劣，帮助旅游者作出购买决定。

3）服务人员要及时展示，直接刺激消费

当服务人员接触旅游购物者，了解到购物者的购买指向后，应及时展示商品。通过商品展示，让旅游者直观感知旅游商品的使用状态，促进购物者联想。同时，尽量让旅游者触摸商品产生强烈的刺激。展示商品的重要部位、优点与特点，将商品的正面或贴商标的一面朝向旅游者，使旅游者看清商品的概貌和特点。当旅游者提出多拿几种或同样商品多拿几个任其挑选的要求时应予以满足，做到百拿不厌，百问不烦。最后，服务人员向旅游者展示商品应充分揭示其特性，从低档向高档分层展出。

4）服务人员要详细介绍，增强宾客信任

当旅游者处于“比较研究”阶段时，服务人员应在充分掌握商品知识的基础上，用最能刺激宾客购买的语言介绍商品，增强宾客购买信任。介绍商品时，服务人员应注意语言悦耳、语态热情、语速适宜，尽量少用第一人称说话，多用第三人称身份介绍，使旅游购物者容易接受。如不要说“我建议您买这个”“我看这个很好”，而说“不少旅游者都喜欢这种商品”“特别受年轻姑娘的青睐”等。遇到旅游购物者挑选认真时，服务人员应详细介绍。而对随便看看或初次购买的外行，只需简明扼要地介绍商品的功能、用法、价格等一般特点。如遇到行家，那就得着重强调商品的独特性。

5）服务人员技能要娴熟，提升商誉

服务人员操作技能包括掌握商品的知识、展示商品的技巧、商品包装的技能、语言交谈技巧等。服务人员一般通过专业训练和自我锻炼的途径提高操作技能，使其技能达到娴熟自如。服务人员如果具有“一看准、一抓准、一说准”的过硬本领,那么就会提升自身商誉,消除旅游购物者的疑虑与不安全感。

4.8 旅游娱乐心理

旅游者在旅游活动中,若是能够通过娱乐满足自己的爱好和乐趣,就会增添旅游更大的价值。娱乐性、趣味性、知识性和多元化结合的旅游文化生活是旅游者追求的乐趣。

4.8.1 旅游娱乐心理需求

旅游者参加文明、健康、科学的文化娱乐活动,可以达到消除旅游疲劳,陶冶情操;发挥才智,实现愿望;沟通关系,互通有无;开阔感知视野,了解社会;扩展消费形式,美化生活;了解艺术创作,提高欣赏能力;适应时代发展,更新精神面貌;实现情感交流,宣泄自身情绪;改善知识结构,掌握实用技能;增添生活情趣,丰富个人阅历;等等。在这些娱乐需求中,接受不同形式、不同内容的有益教育,起到了潜移默化的作用,从而提高思想、文化、身体素质,促进旅游的文化教育功能。

娱乐中,旅游者的思想得到放松,知识得到更新,身体得到锻炼。旅游者的行为是受思想支配的,思想意识对人的行为有着能动调节作用。文明、健康、科学的文化娱乐活动,使旅游者的旅游活动丰富化、智力化、健康化和规范化,补充和巩固了精神和思想。

4.8.2 旅游娱乐服务心理

1)娱乐内容健康、文明、科学,体现民族与地方特色

旅游娱乐场所应提供健康、文明、科学的娱乐活动内容,突出民族与地方特色。比如,到新疆旅游,参加“阿肯”弹唱就是一项值得留恋的娱乐活动。“阿肯”是哈萨克族对民间歌手的称谓。“阿肯”知识丰富,感情充沛,文思敏捷,即兴弹唱,出口成章。除弹唱外,还会背诵民间传说、诗歌、故事,并能创作。在哈萨克草原上,每逢节日或喜事,都要举行“阿肯”弹唱会,来自各路的“阿肯”们聚集在一起,开展赛歌、对歌、赛诗和赠歌等活动,成为旅游者喜爱的一种盛会。

2)娱乐方式新颖、灵活、多样,满足不同需求

旅游者对娱乐的需求往往因人、因时、因地而异。因此,旅游娱乐方式应新颖、灵活、多样,才能满足不同需求。旅游娱乐方式有看电影、观看民族歌舞、参加民族节庆节事活动、体验少数民族生活等。

3)娱乐服务规范、合理、周到,陶冶情操

旅游娱乐服务人员应突出民族特色,严格按照民族特色及规范服务,为旅游者提供合理、周到的服务项目,陶冶旅游者情操。

【相关链接 4.4】

印象大红袍是福建省武夷山市倾力打造的重点文化旅游项目。武夷山大红袍作为“茶中之王”,早在唐宋时期就盛名远播,大红袍传统制作技艺在成为国家首批非物质文化遗产后,又代表中国乌龙茶申报世界非物质文化遗产。武夷山借助张艺谋、王潮歌和樊跃的高水平创意策划,把悠远厚重的茶文化内涵用艺术形式予以再现,使之成为可触摸、可感受的文化旅游项目,和美丽的自然山水浓缩成一场高水准的艺术盛宴。

除了主题上的深刻定位,印象大红袍在技术设备上开创了多个“第一”:全球首创360°旋转观众席,让您转着看演出;首创环景剧场,视觉半径2千米,舞台延展长度12 000米,是世界上最大的场馆,观众们可以在全方位观看演出的同时,感受武夷山最著名的大王、玉女二峰突然现身眼前又瞬间隐遁,随着九曲溪水流转向热情的武夷山人民,让所有人的眼球充斥着绚丽的色块和线条,以及演员们热情洋溢的笑脸。在长达70分钟的演出中,观众置身山水之间,自然景观中的泥土绿植的芬芳气息扑面而来,犹如经历一次返璞归真的旅程,俯仰古今,聆听茶的咏叹,茶的比试,茶的爱情,茶的幸福,茶的翩翩起舞,茶的旧谈新编,茶的刹那芳华,茶的岁岁年年。

4.9 旅游企业售后服务心理

随着旅游市场竞争激烈加剧,建立健全的旅游企业售后服务系统,已越来越被旅游企业关注和重视。正如管理学大师彼得·德鲁克所言:“衡量一个企业是否兴旺发达,只要回过头看看其身后的顾客队伍有多长就一清二楚了。”可见,售后服务是旅游企业维持形象、稳固回头客的关键。

4.9.1 旅游者的挫折与投诉心理

1)旅游者挫折

从根本上看,旅游者不满意是导致旅游者挫折的根本原因。旅游者不满意主要表现在以下几方面:

(1)旅游产品质量

旅游产品质量低劣或不稳定,品种单一或不全,样式单调或陈旧,产品附加值低,价格缺乏弹性,产品销售渠道不畅,广告宣传虚假,售后服务滞后,投诉处理效率低,产品缺乏创新等。

(2)旅游服务质量

旅游服务质量主要存在:服务环境脏,服务秩序乱,服务态度差,服务能力弱,服务效率低,服务设施落后,服务流程烦琐,服务项目不全,服务环节欠缺,服务数量不足,服务渠道不畅,服务缺乏个性化与创新化,收费不尽合理等问题。

(3)服务人员形象

旅游服务人员仪表不整,言行不一,缺乏诚意与尊重,缺乏责任心与事业感,知识面窄,能力不强,整体素质差等。

(4)旅游企业形象

旅游者对旅游企业产品形象、服务形象、员工形象、企业的生活与生产环境形象、企业标识、企业精神、企业文化、企业责任、企业信誉等的不满。

2)旅游者投诉心理

(1)求尊重

旅游者在"花钱买罪受"的情况下,不得已采取投诉行动。旅游者投诉就是希望讨一个说法,消除自己不满意所带来的负面影响,渴望得到同情、尊重,并获得旅游企业及旅游服务人员的道歉。

(2)求发泄

旅游者投诉就是要将在旅游活动中所受到的不公正、不舒畅的待遇,酣畅淋漓地宣泄出来,让自己的烦恼、怨气、怒火发泄出来,从而维持心理上的平衡。

(3)求补偿

旅游者投诉的最终目的就是,自己在旅游活动中遭受的损失要得到合理的补偿。

4.9.2 售后服务心理

售后服务工作的核心就是让旅游者满意,使之保持与旅游企业的业务关系,通过维系回头客来减少旅游企业扩充新客户的投入,提高旅游企业的利润。

1)售后服务特征

①售后服务是旅游服务的延伸。

②售后服务没有统一的规范。

③售后服务没有固定的模式。只要让旅游者满意,它就是最佳的方式。

④售后服务无法储存。

⑤售后服务质量取决于服务人员的能力、素质以及领导者对售后服务体系的关注程度。

⑥售后服务的价值需要在服务之后相当长时间,通过旅游者的反映及旅游企业的效益变化来评定,或者说售后服务工作在做的时候需要领导层给予更多的信任和期效。

⑦售后服务是无形的,是附加在产品上体现的,产品可以脱离服务入市,但售后服务脱离产品,则难以开展工作。

2)售后服务方式

(1)上门服务

旅游企业售后服务人员在征得旅游者同意后上门为其提供服务,便于旅游者了解新旅游产品情况,激发旅游动机,作出旅游决策。

(2)定点服务

旅游企业售后服务人员应定时定点将最新旅游信息告知旅游者,遇到大型的优惠活动应及时通知旅游者,及时邮寄旅游宣传册等。

(3)委托服务

旅游企业售后服务人员应接受旅游者委托的任何要求,无论是托运、邮寄等,都要主动热情、快速高效地帮助旅游者圆满完成。

(4)咨询服务

旅游企业应开通服务热线,免费为旅游者提供旅游咨询服务或其他业务咨询服务。如:订票、分时度假等。

(5)促销服务

旅游企业应根据旅游市场的变化,进行市场调研,策划促销活动。旅游企业应积极参与规格高的旅游博览会，精心布置促销活动场所，派员工参与促销活动，发放宣传资料和印有旅游企业标识的礼品，如海报、企业画册、宣传画、证明书、旅游线路册、钥匙扣、毛巾、纸巾、太阳伞、风衣、工作服等。

(6)技术指导服务

指导旅游者随不同的季节、不同目的地进行旅游时应注意的相关事项，如《出游手册》《旅游客源国风情手册》等。

(7)沟通服务

旅游企业内部部门变更、人员变更、产品价格变更、联系方式变更等，这些信息要及时流通到旅游者处，而且旅游者意见反馈，投诉等，须有专人负责登记并处理，这些沟通服务需要旅游企业以文字传真、电子邮件、电话、面对面等方式进行。

(8)接待服务

旅游者来企业考察拜访，要热情接待，车接车送，并有专门的会议室供洽谈业务，有专门的休息室供旅游者休息，使之有宾至如归的感受，加强彼此之间的感情联系。

(9)访谈服务

旅游企业高层领导定期到重要旅游者那儿进行面对面访谈、电话访谈、信件沟通等，以此收集信息，了解 VIP 的需求，对症下药向 VIP 提供合适的服务。售后服务过程是服务人员与旅游者之间的互动过程，因此，不但服务人员本身的修养、性情、知识、行为、表达能力、交际能力等影响服务质量，而且旅游者的性情、知识、行为背景也会影响服务的质量。

3)正确处理旅游者投诉

“我们不关照旅游者，别人会代劳的；投诉是旅游者送给企业的礼物。”这句话告诉所有旅游企业一定要妥善处理投诉，想方设法比竞争者做得更多、更快、更好一些。

(1)诚挚道歉

旅游企业被投诉者应让旅游投诉者知道，因为自己给旅游者带来不便而抱歉。即便这并不是被投诉者的过错，也不管这是谁的过错，被投诉者所要做的第一件事就是向旅游投诉者道歉。而且还得告诉他们，旅游企业将完全负责处理这起投诉。

(2)耐心倾听

对旅游者的投诉应耐心倾听，弄清真相，并用自己的话把旅游者的抱怨复述一遍，确信自己已经理解了旅游者抱怨之所在，而且对此已与旅游者达成一致。

如果可能,请告诉旅游者,企业会想尽一切办法来解决他们提出的问题。

(3)合理补偿

旅游企业应尽己所能满足旅游者,可以弥补旅游者由旅游被投诉者过错而造成的合理损失。在向旅游企业领导汇报处理结果得到指示后,妥善解决旅游者抱怨,还可以送给附加东西,比如优惠券、免费礼物、贵宾卡等。

(4)及时反馈

旅游者离开前,看是否已经满足。然后,在解决投诉的一周内,打电话或写信给他们,了解他们是否依然满意,你可以在信中夹入优惠券。一定要与旅游者保持联系,尽量定期拜访他们。

本章小结

旅游服务心理是针对如何满足旅游者的消费心理需求,对旅游从业人员所提供优质服务能否达到旅游者满意的标准。从旅游服务人员所应具备的服务意识、服务能力、个性等着手,分部门地归纳出在不同工种、不同时间的服务人员对旅游者提供的服务是不同的。如在前厅、客房、餐饮中的服务方式、服务程序、服务细节都体现出各自的特征,正好适合旅游者吃、住的需求。导游服务、交通服务、购物服务及娱乐服务是旅游者游、行、购、娱的需求能否满足的关键。再通过对旅游景区服务的研究,提出在景区中服务人员的服务规范及服务技能。最后,对旅游者售后服务的关注及投诉的处理作了较为充分的分析指导。

复习思考题

1. 你认为旅游服务人员应具备哪些能力?如何提高?
2. 旅游服务人员心理素质要求有哪些?如何培养?
3. 如何理解旅游服务人员的其他要求?
4. 旅游对客服务需求应注意什么?
5. 如何理解旅游优质服务中“必要因素”和“魅力因素”?
6. 旅游服务不同阶段服务策略有哪些?
7. 前厅、客房、餐饮服务应做到哪些才能满足旅游者吃住的需求?
8. 假如你是一名导游,你应做好哪些服务工作?其要求是什么?
9. 不同交通方式对旅游者心理影响有哪些?旅游交通服务心理策略主要表现在哪些方面?

10. 旅游景区接待人员“SERVICE”每个字母代表什么含义？
11. 旅游商品设计应遵循什么原则？
12. 旅游购物服务人员应达到哪些要求？
13. 旅游娱乐服务心理表现在哪些方面？
14. 旅游者产生挫折的原因及投诉心理有哪些？如何处理投诉？
15. 旅游企业售后服务方式有哪些？

实训题

进行投诉行为的模拟处理，从中学会怎么样对出现的服务质量事故进行补救与处理，尽量让我们的顾客满意。

案例分析

这不是我们要的武昌鱼

某餐厅里，一位客人指着刚上桌的武昌鱼，大声对服务员说：“我们点的是武昌鱼，这个不是武昌鱼！”他这么一说，同桌的其他客人也随声附和，要求服务员退换。

正当服务员左右为难时，经理走了过来。仔细一看，发现服务员给客人上的确实是武昌鱼，心里便明白是客人弄错了。当她看到这位客人的反应比较强烈，其余的客人多数含混不清地点头，主人虽然要求服务员调换，但却显得比较难堪时，立即明白主人知道那位客人的错误又不好指出。

于是，经理对那一位投诉的客人说：“先生，如果真是这样，那您不妨再点一条武昌鱼。我陪您亲自到海鲜池挑选好吗？”客人点头应允。经理陪着客人来到海鲜池前，恰好有其他的客人也点武昌鱼，看到服务员将鱼从池子里捞出，客人的脸上立即露出了惊诧的神情。等点鱼的客人走后，经理对这位投诉的客人说：“这就是武昌鱼。”接着，她指着海鲜池前的标签和池中的鱼简要地介绍了一下武昌鱼的特征。

客人回到座位，认真观察了一下，确定是自己弄错了。面带愧色地道歉，而主人则投来了感激的目光。

点评：酒店服务中有一条金科玉律，即：“客人永远是对的”。这句话并不是说客人不可能犯错误，而是指从服务的角度来说，要永远把客人置于“对”的位子上，使其保持一种“永远是对的”的心态。因此在服务过程中，即使明知客人犯了错误,一般也不要直截了当地指出来,以保全其面子。因为对于"爱面子"的中国人来说,如果在酒店丢了面子,那么即使其他方面做得再好,客人对酒店的服务也不会满意。

本案例的经理虽然明知客人犯了一个常识性的错误,但由于她心中明白"客人永远是对的"这个道理,于是采取了一种间接的转移现场的方式,让客人亲自到海鲜池前点鱼,从而使客人自身认识到错误,取消投诉并致歉。这种处理充分显示了机智与灵活。

另外,在投诉处理过程中的察言观色的能力也值得肯定,通过观察,她比较准确地了解到其中的微妙关系,所以用语措词都非常谨慎,有效避免了主人和投诉客人之间的尴尬和可能出现的直接对话。

对客服务不是一件轻松容易的事情,更多的时候,要求我们服务人员用心去服务,在服务的过程中,让我们的客人体会到轻松、如意与愉快。也只有这样,才能体现我们的优质服务质量。

第5章 旅游管理心理学

【本章导读】

领导者是旅游企业的关键角色，本章主要介绍了领导者的角色和权威、领导者的风格和艺术。在管理过程中，领导者要善用激励体制，激发员工的工作积极性，协调处理员工的人际关系，关心员工的情感与情绪，采用科学的管理方法，解决小团体主义、沟通障碍等管理中的常见问题。

【关键词汇】

管理　角色　权威　激励　人际关系　情感　情绪　小团体主义　沟通

问题导入：为什么要学习管理心理知识

在旅游业，无论是在千人以上的旅游宾馆，还是一个十几人的班组，都有管理心理的问题。工作中，能否做到科学地、有效地进行管理，能否最大限度地调动每位员工的积极性和主动性是提高服务质量的关键。管理心理学是研究管理工作过程中心理活动的特点和规律，它为我们做好旅游业的管理工作提供心理学的依据。本章就领导者的心理、员工激励、员工情感和情绪、人际关系及常见问题的解决与管理等问题进行了介绍和探讨。

5.1　旅游企业领导者的心理

旅游企业领导者是指担任旅游企业某项职务、扮演某种领导角色，并实现领导过程的个人或团体。领导者是旅游企业的“关键角色”，是领导行为过程的核心，决定着旅游企业运行与发展的方向和水平。

5.1.1 旅游企业领导者的角色与权力

1)旅游企业领导者的角色

(1)领导者的角色理论

领导是影响和指引他人或组织在一定条件下实现其目标的行为过程,其中实行指引和影响的人是领导者。领导者的角色理论探讨的中心问题是当某人获得领导者的身份或地位后,其属于领导者身份或地位的一整套的职责和行为,也就是要回答"领导者应该做什么"这个问题。

法国人亨利·法约尔提出,所有的管理者都需履行5项职能:计划、组织、指挥、协调和控制。时至今日,一般将这5种职能简化为计划、组织、领导和控制。20世纪60年代末期,加拿大亨利·明茨伯格(Henry Mintzbery)提出了经理角色理论,旨在揭示领导者在实际管理工作中究竟在做什么。他认为,经理这个角色是主管一个正式机构或分支单位的人,他被赋予管理组织机构法定的权力。经理为实现工作目的,要求扮演多种不同但又相互联系的角色。如人际关系方面的角色,包括挂名首脑、领导者、联络者3种;信息传递方面的角色,包括监听者、传播者、发言者3种;决策制定方面的角色,包括企业者、故障排除者、资源分配者、谈判者4种。各种角色的侧重点会随着组织等级层次而变化,特别是传播者、挂名首脑、联络者、发言人等角色,对于高层管理者要比低层管理者更重要;相反,领导者角色对于低层管理者,要比中、高层管理者更重要。

(2)旅游企业领导者的角色认知

角色认知就是领导者在特定的社会与组织中,或在特定的情境中,对自己的地位、身份以及与此相一致的权利、义务、行为模式要充分认识。旅游企业领导者作为旅游企业的灵魂,必须对自己的角色有正确的认知。领导者要明确自己的职责或使命,识别自己在工作中所担任的各种角色,将使命细化为各个角色的长远目标,作为行动的指南。具体而言,旅游企业领导者需做到以下方面:

①旅游企业的"掌舵者"。明茨伯格认为,领导者在决策制定方面扮演着重要的角色。因此,领导者的决策能力就构成了领导者的核心能力。旅游企业领导者的决策能力集中体现在战略决策方面,即领导者在对旅游企业外部环境和内部经营能力进行周密细致的调查和准确而有预见性分析的基础上确定企业的发展目标,选择经营方针和制定经营策略的能力。领导者能否作出正确的决策关系到企业的经营方向和发展全局,因此,在实践中,高层领导者往往扮演着重要决策者的角色。

②旅游企业的"凝聚者"和"形象代言人"。在人际关系方面,领导者扮演的角色既是组织内部的灵魂,也是对外交往的代表。良好的公共关系追求的是"内求团结,外求发展"的目标。良好的角色知觉能使领导者时刻谨记自己应该干什么,应该树立一个什么公众形象。旅游企业是由各种各样的成员组成的,每一位成员都有自身的性格、志向、情趣和爱好,他们在不同的岗位上充当着不同的角色,因此,作为旅游企业领导者有责任通过内部的公关活动,使广大员工获得方向感、信任感、成就感、温暖感,进而改善人群关系,达到内部团结,共同实现企业的既定目标。另一方面,领导者还担任着联络者的角色,他还必须协调企业和顾客、竞争者、中间商、政府、媒体等相关人员和机构的关系,宣传和树立良好的企业公众形象,不断提高企业的知名度和美誉度,营造良好的企业经营的外部环境,创造和捕捉新的发展机会,谋求更大发展。

③旅游企业的"信息传达者"。在信息传递方面,领导者所起的作用是监听者、传播者和发言人。作为企业内部和外部信息的神经中枢,旅游企业领导者除了适时了解企业内部的详细情况之外,还必须透彻了解整个外部的旅游环境、政府政策、未来旅游的发展方向等信息,并将新信息及时提供给企业其他员工。同时,作为旅游企业的专家,还要向公众发布企业的计划、政策、行动等信息。

2)旅游企业领导者的权威

一个领导者的职位、职责、职权是一个有机整体,职位是其地位和名义,职责是其目的和使命,而职权则是具有职位的领导者实现其职务的手段和方法。一个领导者要成功扮演其领导角色,实现其领导功能,就必须具备领导者的权威,即权力加上威信。

(1)权力

权力来源于领导者的职位,是由上级根据领导者所担负的职务和职位而赋予的,它随着管理职务的开始和终止而开始和终止,具有法定性和强制性。一般而言,领导者的权力来源于以下3个方面:

①传统因素。几千年形成的中国传统文化,使人们形成了一种固定的思维模式:领导者掌握了职位所提供的法定权力,他们有权、有能力,我们要服从领导的安排。这种影响力非常深远,可以说是传统观念附加给领导者的一种力量。一个人一旦正式担任了领导职务,就自然获得了这种传统所附加给领导者的力量。

②职位因素。职位因素是指个人在组织中的职位和地位。居于领导地位的人,组织赋予他一定的权力,而权力使领导者具有强制下属人员的力量,凭借权力可以支配被领导者的处境,例如奖惩、分配、职务升降等,所以一般人对操纵着

自己职业命运前途的领导者总是有着几分敬畏感,容易产生服从的心理与行为。

③资历因素。资历是指一个人的资格和经历。在人们的传统观念中,常常对资历深、见识广、久经磨炼的人怀有某种敬重感。它是由于领导者的社会阅历、经验和年龄等因素所产生的影响力。

总之,由传统观念、职位、资历所形成的权力都不是领导者实际行为造成的,而是外界赋予的。由这些因素所形成的权力,使被领导者对领导者产生服从感、敬重感,从而影响和改变被领导者的心理和行为。

(2)威信

威信又称为非权力性影响力。与权力性影响力不同的是,它不是外界赋予的,而是来自于个人的自身因素。这种"榜样的力量",就是领导者个人的品格、能力、知识和情感等方面,在其下属心目中所建立的良好形象而产生的威信。

①品格。主要包括道德、人格、品行、作风等因素,它们是一个人的本质表现,是决定领导者威信的根本因素。具备优秀品格的领导者具有巨大的感召力、动员力和说服力,容易使被领导者产生敬重感,并诱使人们去模仿和认同。优秀品质是领导者建立威信的第一要素。

②能力。领导者的能力主要反映在能否胜任领导工作,能否给企业带来希望,引领企业走向成功。一位成功的领导者,会带动企业不断发展,会使员工积极性高涨,"不用扬鞭自奋蹄",因而使员工对他产生敬畏感。

③知识。渊博的知识和专业特长是领导者建立威信的基础。作为一名领导者,精通业务知识,是相关领域的专家,通晓经营管理之道,就容易取得他人的信任和依赖感。

④情感。情感因素在提高领导者的影响力上起着催化剂的作用。如果领导者关心体贴下属,和被领导者之间建立了亲密和信赖的情感关系,彼此之间的心理差距会缩小,在工作中就容易建立协调的合作关系。

领导者的威信使人感到可爱、可敬、可信,使人心悦诚服,在行动上自愿主动。所以在领导者的权威中,更重要、更关键的是威信而不是权力。威信不仅是取得权力的基础,也是增强权力的重要条件。旅游企业的领导者必须不断学习,加强锻炼,认真修养,不断自我完善,建立和提高威信,这是其工作成败的关键所在。

3)旅游企业领导者的素质

领导者的素质是指领导者必备的基本品质和心理特征的综合,它是直接影响决策的重要因素。优秀的领导者应具备哪些良好的素质,人们有不同的看法。

日本企业界认为,领导者应具备十项品德,十项能力。

十项品德为:使命感、责任感、依赖感、积极性、忠诚老实、进取心、忍耐力、公平、热情、勇气。

十项能力为:思维决策能力、规划能力、判断能力、创造能力、洞察能力、劝说能力、对人理解能力、解决问题能力、培养下级能力、调动积极性能力。

美国企业界认为的十大标准为:合作精神、决策能力、组织才能、精于授权、善于应变、敢于负责、敢于求新、敢冒风险、尊重他人、品德超人。

从我国情况出发,旅游企业领导者应具备以下三类素质:

(1)政治思想素质

政治思想素质是领导者的灵魂统帅,在整个领导者素质体系中居于首要和根本的地位,对其他素质正确地发挥作用具有决定性的影响。优秀旅游企业领导者应具备坚定的共产主义信念,始终与党的政策保持高度一致,全心全意为人民服务,公正廉洁,有伟大的追求和高尚的道德情操。

(2)科学文化素质

具备良好的科学文化素质是现代领导工作的最起码要求,是领导者适应复杂多变和高标准的领导环境和领导要求所应具备的最主要条件。旅游企业领导者要懂得运用多种渠道获得知识、信息、资讯,特别要重视互联网对未来旅游发展的影响。除了理论学习,还要在实践中运用各种科学知识、管理知识并善于创新,及时总结,使其成为经验或理论。

(3)组织管理素质

组织管理素质是领导者业务工作的关键,领导者组织管理业务素质高,才能真正成为企业的主心骨和领头雁。优秀旅游企业管理者应高瞻远瞩、视野广阔;科学决策、制定战略;统筹组织、用人授权;财税运筹、资源配置;沟通协调、善于激励;勇于改革、创新发展。

5.1.2 旅游企业领导者的风格

领导风格是领导作风和领导方式的总称。领导作风是指领导者在思想上和工作上所表现出来的态度和行为。领导方式是指领导者在统御人事过程中所采取的方法和形式。前者是后者的基础和行为根源,后者是前者的结果和表现形式。不同的领导者表现出不同的领导风格,以不同方式实施领导,其领导效果各不相同。在旅游企业管理活动中,领导者的领导风格对旅游服务人员工作积极性的调动具有极其重要的意义。

下面从几个角度,对领导者风格进行讨论。

1)领导行为二元论

20 世纪 40 年代,美国俄亥俄州大学以 R. 斯托蒂尔为首的研究小组对领导行为类型进行了研究。为了寻求最佳领导行为,他们搜集了大量相关资料进行综合分析,最后概括为两大类:一类以关心人为中心的“员工导向论”;另一类为以生产为中心的“生产导向论”,统称“领导行为二元论”。其中员工导向论强调职工的个性和需要,而把生产作为了引导职工为不断改善和满足个人寻求的必要手段,这是一种民主的领导方式,比较符合人本原理的精神。而生产导向论强调生产和技术,把职工看成是实现组织目标的工具,这是一种专制式领导方式,比较符合效益原理的精神。这种领导二元论为下述领导方格图奠定了思想基础。

2)领导行为方格论

1964 年,美国德克萨斯州大学布莱克和莫顿在二元理论基础上,设计了领导方格图。他们把领导行为按关心生产和关心人各占比重分为 81 种,如图 5.1 所示。81 种行为方式中有 5 种典型的领导行为类型,分别为 1.1 型、1.9 型、5.5 型、9.1 型和 9.9 型。

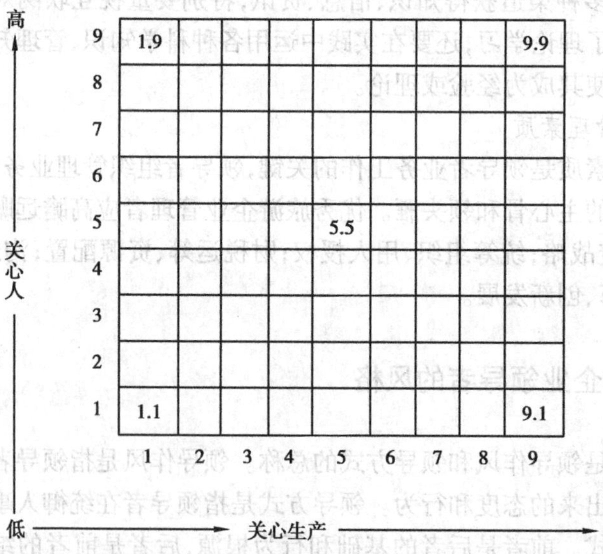

图 5.1　领导方格图

在图 5.1 中,1.1 型被称为贫乏式领导,这种类型的领导者对人和对生产的关心程度都非常低,是回避责任、缺乏志向或不称职的领导,注定失败。1.9 型为俱乐部式领导，对人高度关心，认为只要人们心情舒畅，工作就一定会搞好，很少关心工作控制、监督和规章制度。5.5型为中间型领导，这种领导者常运用各种作风和方式去适应不同的人和不同的情况，安于现状，不能促使下属发扬创造改革的精神。9.1型为任务式领导，抓生产达最高程度，但对人则很少关心。领导者通常用工作条件来提高效率，而没有充分利用人力资源因素，短期内可能有效，但不能长期保持下去。9.9型为团队式领导，领导者对工作和人的关心都有高标准的要求，认为员工利益与组织目标是相容的。这是一种团结协作的最有效的领导方式，工作任务完成好，员工关系协调，士气旺盛，每个人都能在实现组织目标的过程中发现自己的成就感。

领导行为方格论应用于旅游企业的管理中，为领导者正确评价自己的领导风格，掌握最佳领导方式提供了有效的指南。旅游企业领导者要朝着9.9型去努力，最终达到最佳的企业经营管理效果。

3)权威式、民主式、放任式领导

由美国管理学家怀特和李皮特提出，是一般人所熟悉的分类。

(1)权威式领导

权威式领导是指领导者个人决定一切，然后布置下属执行的管理方式。其主要特征是企业方针由领导者自己制定；所有的工作进行步骤和技术由领导者发号施令行事；工作分配及组合，多由他单独决定；领导者对下属较少接触，往往凭个人喜恶或局部信息评价员工成绩，并作出奖惩决定。权威式领导主要依靠领导者个人的能力、经验、知识和胆略来指导企业的活动，这种领导者大多独断专行，而且缺乏对下属的尊重，除了特定环境，如新建组织、员工工作成熟度很低的组织等情况，他们是不适合现代组织发展要求的。

(2)民主式领导

民主式领导是指领导者发动下属讨论，共同商议，集思广益，然后作出决策的领导方式。其特征是企业方针由员工讨论决定，领导者给以激励或协助；分工由团体成员决定，工作伙伴员工自选，领导者进行协调；领导者与员工实行双向沟通，并根据员工实际评估成绩作出奖惩决定；领导者关心被领导者的需求，尊重他们的人格和权益。民主式领导以平等原则为指导，尊重下属成员的不同能力与资历，要求上下融洽，合作一致，使下属由衷地愿意追随并接受其领导，是现代组织领导方式的趋势。

(3)放任式领导

放任式领导是指领导者听之任之撒手不管，不加干预，下属爱干什么，想干什么都可以，是完全自由的管理方式。其特征是无论方针决定、分工组合还是工作进程等,领导者都不作指示,也不参与,也不主动干涉,只偶尔提出意见;工作进行主要依赖组织成员和个人自行负责。由于强调活动自由,很少约束,适用于各种学术团体、协会或咨询机构,但对现代化的大型组织来说,这种领导行为是不适宜的。

5.1.3 旅游企业领导者的艺术

领导艺术就是领导者在一定知识、经验、智慧和才能的基础上,在履行其领导职能和进行领导活动的过程中,运用特殊的手段或方法,创造性地、卓有成效地解决某些实际或较难问题的技能。对于旅游企业领导者而言,领导艺术是其处理千变万化的旅游市场和复杂的人事关系的一种技能,是一种在一定知识、经验、指挥和才能基础上产生的特殊、巧妙和较高的领导方法。

1)统筹决策的艺术

作为旅游企业的领导者,每天面临的事情复杂多变,既要处理企业内部的事情,又要协调与外部的社会关系,领导者如果没有高超的领导艺术,就很难有效地处理大量的事务。工作有轻有重、有缓有急、有大有小,在这种情况下,领导者必须集中精力抓大事;旅游行业涉及产业多,市场变化莫测,在集思广益、博采众长的基础上,领导者要"善断",制定出企业的方针决策;旅游企业工作千变万化,一位成功的领导者在处理企业内外部事务时,要处变不惊,忙中有序,根据情况适时改变工作方针及处事策略。只有随时表现出自己是一个具有远见卓识,深谋远虑,有科学的决策力、周密的协调落实能力的领导,才能让上级放心,下级佩服。

2)识才用才的艺术

现代企业管理的核心是管理人,是调动人的积极性和创造性去实现各项具体的工作任务。身为旅游企业的领导者,要牢牢树立"人才为本"的观念,学习领导人的艺术。

(1)要有识才的眼光,即"知人善任"

知人,就是要全面、客观、准确地了解一个人的德、才、识、能等,切忌以貌取人,以私看人。善任,就是要正确地使用人才。作为领导者,只要确认某人具有一技之长,就要大胆不疑地用他的长处,不要过多地介意他的缺点,但对于一个没有突出成绩的人,则应不留情面地将其调离职位。

(2)要有用才的气魄

领导者的用人魄力,表现在“用人不疑,疑人不用”,即充分授权。凡属下级要做的事情,绝不能干预、插手或代行其事。只要是用他,就放手让他去干,如果捆其手脚,其积极性则很难发挥。

3)科学管理的艺术

科学管理是企业正常运转的保障。成功的领导者在管理上要做到以下几点:

第一,用制度管理人。在制度面前人人平等。那种“我说你听从、我管你服从”式的传统管理方法,实际上是把人当作工具,是不符合用制度管人的要求的。

第二,用事业成就人。领导者要善用激励体制,激发员工的主观能动性、积极进取精神,使其最大限度地发挥自身潜力。

第三,用感情打动人。领导者的魅力体现不仅仅需要智商和技能,更需要的是情商和人格。领导者严于律己,不做损人利己之事,并以身作则,身先士卒,必然能赢得下级的尊重和爱戴。

【相关链接5.1】 马云谈企业管理文化与领导力

马云:中国著名企业家,阿里巴巴集团、淘宝网、支付宝创始人。2013年5月10日,马云卸任阿里巴巴集团CEO,但兼任阿里巴巴集团董事局主席、中国雅虎董事局主席、杭州师范大学阿里巴巴商学院院长、华谊兄弟传媒集团董事、菜鸟网络董事长等职务,是中国IT企业的代表性人物。

讲到文化和领导力,马云首先从分析制度和文化的关系开始。一个企业最重要、最有价值的东西是什么?西方的企业管理理念根植于其强大的法治文化,因而非常强调制度的重要性。许多企业向西方学习管理时,往往制定一条又一条的规章制度,恨不得把每个员工从头管到脚。

对于这样的观点,马云不敢苟同。马云认为,制度有其天然的缺陷。首先,没有人愿意在制度的条条框框下干活,制度越多,员工干得越不开心,企业何来活力?其次,制度再多,总有制度无法到达的地方,况且,再严密的制度,总能找出规避的办法。在制度之外,如何引导员工如企业所愿地做事,马云认为只有“文化”。“中国不缺制度,很多倒下去的国有企业,规章制度多到负责制定的部门自己也搞不清楚。但是没有很好的企业文化,制度再多,得不到执行,最后还是空的。”

马云认为,企业文化的精神内核是一种油然而生的使命感。一群人因为有了共同的目标或者说使命感而组织起来,从而产生了比离散的个人更为强大的力量。因此,使命感对于一个组织来说是必不可缺的。尤其是当一个公司成为行业的先驱和领军者时,因为没有可以模仿的对象,“企业如何往前走,这个业务做与不做，全赖使命感来驱动和抉择。”

马云以我们自身的成长为例，正是因为在成长过程中父母老师耳提面命，千叮万嘱，才塑造出我们每一个人生活的观念、行为的准则。“文化是一定要训练和考核的，不训练不考核是没有用的。”马云认为，企业如宗教，企业的价值观如同宗教信条，信则进（加入企业），进则必须信，不信则换（换工作）。进入企业，你就必须以积极心态去适应企业文化，转变自己的价值观。

在讨论领导力时，马云强调，领导力首先不是权力，而是责任心，责任心多大舞台就有多大。继而马云比较了员工和领导岗位的不同。他说，作为员工你首先是为自己干，别人也不应该用焦裕禄的标准去要求你。如果要模仿或者学习，也没有必要学习离自己太远的比尔·盖茨，你身边的人就是你学习的榜样，只是你愿不愿意降低姿态去学习。但是成为一名管理者就不一样了。“你是经理，别人的成功才是你的成功，向你报告的7个人他们的加工资，他们的买房子，他们的快乐，他们家庭的快乐都跟你有关系的。”所以马云强调，在阿里巴巴，要提拔一个人做经理，首先要考核的是他愿不愿意为底下人负责。

除了价值观，马云认为，做一个好领导，还需要考核3个指标，眼光、胸怀和超越伯乐。他尤其强调胸怀的重要性。他说，10个能干的人9个是古怪的。因为能干的人这儿能干那儿有问题，那儿能干这儿有问题，基本都是这样的。所以作为一个领导，需要有能够包容他们的胸怀，“心中能够容纳千军万马。”

（资料来源：
http://www.360doc.com/content/14/0319/21/15699474_361999657.shtml）

5.2 员工激励

5.2.1 员工激励的概念

激励，在中文里的含义是“激发、鼓励”。激励被用于管理主要是指激发员工的工作动机，使人有一股内在动力，朝着所期望的目标前进的心理活动过程。通俗地说，就是调动积极性的过程。旅游企业管理的首要问题是对广大员工的工作动机的激发，使他们在实现组织目标的同时实现自身的需要，增加其满意度，最大限度地调动他们的积极性和创造性。因此，激励工作是管理者一项重要的核心工作。

5.2.2　激励的理论

需要是人们积极性的源泉，也是推动社会生产力发展、变革社会生产关系的强大动力。需要理论是一切激励理论的基础。

1）马斯洛需要层次理论

（1）马斯洛需要层次观点

马斯洛（A. H. Maslow）是美国人本主义创始人，在1943年提出“需要层次理论”，认为人的价值体系中存在不同层次的需要，如图5.2所示。

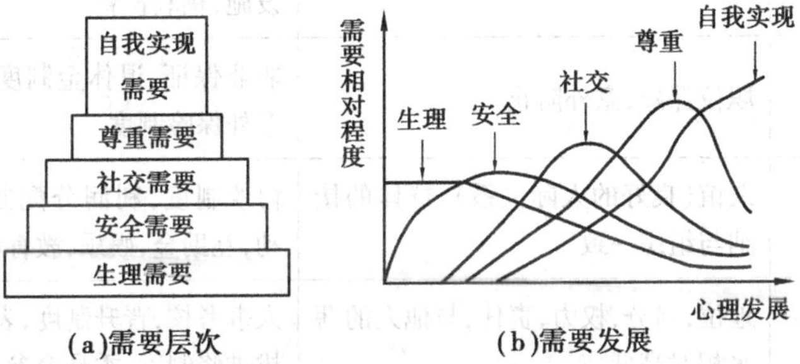

图5.2　马斯洛的需要层次理论

①生理需要。生理需要是人最原始的基本需要，包括饥、渴、性和其他生活机能的需要，这些需要如果不能得到满足，人的生命就有危险。从这个意义上说，生理需要是最优先的，是推动人们行为的最大动力。

②安全需要。当一个人的生理需要得到基本满足后，就有满足安全的需要，要摆脱失业的威胁，要求年老或生病时有所保障。

③社交需要。社交需要也叫爱的需要，一方面，人都希望爱别人，也渴望得到别人的爱；另一方面，人都有一种要求归属于某一集团或群体的感情，希望成为其中的一员并得到相互关心和照顾，这就是人对归属的需要，这种感情即是归属感。

④尊重需要。人希望自己在群体中有一定的较为稳定的地位，有对名利的欲望，希望个人的能力、成就得到社会的承认等。

⑤自我实现需要。自我实现需要是指一个人要实现自己的理想和抱负，充分发挥潜能与极限的需要。马斯洛认为，自我实现不是终极状态，而是一个连续不断的选择过程，是无止境的。自我实现对于每一个人来说，不是没有或全无的问题，而是程度不同而已。

马斯洛认为，上述5种需要是按次序排列并逐级上升，下一级的需要获得基本满足之后，追求上一级的需要才会成为驱动行为的动力；在一定时期同时产生多种需要，因为人的行为是各种需要支配的。但是，多种需要中总会有一种需要处于支配地位或主导地位，需要满足后就不再成为激励力量。

(2)需要层次论在企业管理中的应用

西方企业界根据需要层次理论进行管理所采取的相应措施，如表5.1所示。

表5.1　需要层次论

需要层次	诱因(追求目标)	管理制度与措施
生理需要	薪水，健康的工作环境，各种福利	医疗保健，工作时间(休息)，住房设施，福利设备
安全需要	职位保障，意外防止	职业保证，退休金制度，健康制度，意外保险制度
社交需要	友谊(良好的人际关系)，群体的接纳与组织一致	协谈制度，利润分配制度，团结活动，互助金，娱乐，教育训练制度等
尊重需要	地位，名分，权力，责任，与他人的薪水相对高低	人事考核，晋升制度，表彰，奖金，选拔进修制度，委员会参与制度
自我实现需要	能发挥个人特长的工作、环境，有挑战性的工作	决策参与制度，提案制度，研究发展计划，劳资会议

在旅游企业管理活动中，作为领导者应根据职工的需要，找出相应的激励因素并按照人的需求规律去采取相应的组织措施，引导和控制人的行为，实现企业目标。

2)双因素理论

(1)双因素理论的观点

双因素理论是美国心理学者赫茨伯格(F. Herzberg)提出的一种激励理论。该理论认为影响人的行为的积极性因素有两类，即保健因素和激励因素，简称为双因素理论。

保健因素又称维持因素，这类因素对人的行为没有激励作用，只起到保持人的积极性，维持工作现状的作用。如工资待遇、住房、安全和福利等因素：有，不能提高人的积极性；没有，则会影响、降低工作的积极性。如同医疗保健，只能保持人的健康，预防疾病发生，却不能增强人的体质。

激励因素又称满意因素，是影响人的工作积极性的主要内在因素，如对工作的成就、责任感、兴趣、认可、发展等感到满意，能鼓舞职工的士气、热情和积极性，能经常提高人的工作效率，好比经常进行体育锻炼，可以增强人的身体素质，保持人体健康一样。

赫茨伯格认为，激励因素和保健因素对调动人的积极性都起作用，只是程度上有差别：激励因素使人由没有满意转向满意；保健因素将不满意变为没有不满意。不是所有需要得到满足都能激励起人们的积极性，只有那些被认为是激励因素需要得到满足时，才能极大地调动起人们的积极性。激励因素是以工作为核心的，它与工作本身、个人的成效、工作责任感通过工作本身获得晋升等有直接关系。保健因素则是本身工作以外的，与工作的外部环境相关联。

(2)双因素理论在管理中的运用

①采用激励因素调动职工积极性。在旅游企业管理中，领导者首先应该注意满足职工的"保健因素"，防止职工消极怠工，流失率过高；同时要注意利用"激励因素"，尽量使职工得到满足的机会。另外，管理人员应帮助职工进行工作再设计，以使工作中有更多的激励因素。如通过学习新的有意义的知识与技能，使人感到自己在成长；能在企业内部选择自己所喜爱的工作岗位，让工作本身调动职工的积极性；根据职工的不同特点，安排富有挑战性意义的工作；等等。

②保健因素与激励因素在一定条件下是可以相互转化的。作为好的管理者，要创造一定条件，把保健因素转化为激励因素。如工资属保健因素，若改变发放工资的方式，就可转化为激励因素。

某单位职工年均收入为48 000元，但单位不采取每月平均发放4 000元的方式，而采取月工资为3 000元，剩余部分留待6月份和12月份各发放一次相当于6个月工资的奖金的方式。此时职工的收入对职工产生的心理效应是：

$$(3\ 000\times12)+(6\ 000\times2)>4\ 000\times12$$

一个管理者，若管理方式运用不当，将会把激励因素转化为保健因素。如奖金，应属激励因素，但若奖金发放不与企业经营好坏、部门和个人的工作绩效挂起钩来，采取平均分配或按级别分配的办法，则起不到激励作用，变成了"保健因素"。

3)公平理论

(1)公平理论观点

美国心理学家亚当斯(J. stacey Adams)认为，个人主观地将他的投入(指努力、教育、经济等因素)同其他有关人相比看是否得到公平或公正报酬。如果人们觉得他所获的报酬不适当，他可能产生不满，最终导致降低产出的数量和质量，或者离开这个组织。如果人们觉得报酬是公平的，他们可能继续在同样的产出水平上工作。如果报酬比公平的报酬大，他们可能工作得更加努力。但值得注意的是，人们可能对自己的贡献和别人取得的报酬估计过高。

一般情况下，员工对某些不公平感可能会忍受一段时间，但是时间久了，即使一桩很小的事，也会引起强烈的反应。例如，一个员工因迟到几分钟受到了批评就决定辞去工作，其中真正的原因并不是他受不了批评，而是由于长期以来他认为给他个人所作贡献的报酬，同别人相比是不公平的。

不公平使人感到不愉快并产生压力，人们将竭尽全力减少不公平感。亚当斯提出，人们可以运用以下5种方法减少他们的不公平感：

①歪曲对自己的投入或结果的知觉。

②歪曲对参照人或参照群体的产出或结果的知觉。

③另选参照人或参照群体。

④改变一个人的投入或改变一个人的结果。

⑤脱离交换关系。

(2)公平理论在管理中的应用

①应制定比较严格具体的客观标准，做到有据可依，有章可循。

②平时要有科学的考核方法，尤其对干部、管理人员要严格考核、记载，做到既有质的标准，又要有量的分析。有条件的可由评奖法逐步过渡到计奖法。

③少评全面模范先进，多评单项冠军。这样容易使群众心服口服，有利于产生良好效果。

④在激励过程中应注意被激励者公平心理的引导，树立正确的公平观。绝对公平是不存在的；不要盲目攀比；要认识到人们往往对自己的报酬与别人付出的估计偏低，而对别人的报酬与自己的付出估计偏高。

5.2.3 有效激励的方法与手段

1)常用的激励方法

(1)物质激励

物质激励是指通过物质刺激的手段，鼓励员工工作，它的主要表现形式有发放工资、奖金、津贴、福利等。物质需要是人类的第一需要，是人们从事一切社会活动的基本动因，所以，物质激励是激励的主要模式。目前，在我国的一些旅游企业里，最常用的是采取绩效薪金制的激励方法。

(2)目标激励

目标激励是指确定适当的目标，诱发人的动机，以调动人的积极性。目标激励的作用通常表现在两个方面：其一，经过努力目标实现的可能性越大，人们就越感到有信心，激励作用也就越强；其二，目标效价即目标实现后满足个人需要的价值越大，社会意义越大，就越能鼓舞人心，激励的作用就越强。当人们受到富有挑战性目标的刺激时，就会迸发出极大的工作热情，特别是事业心强的人，愿意接受挑战。在目标设计过程中，管理者还应考虑到目标与员工的能力、特长相适应，在具体工作中引导和帮助他们努力实现目标。

(3)强化激励

强化激励是指对人们的某种行为给予肯定和奖励，或者撤销个体所厌恶、回避的刺激，使期望的行为巩固和加强，或者对某种行为给予否定和惩罚，使不期望的行为减弱的过程。肯定性的激励方法主要是表扬和奖励。奖励又可以分为物质奖励和精神奖励。在实践中，要掌握适宜的奖励时机。否定性的激励方法主要是批评和惩罚。为了达到良好的效果，批评和惩罚应该讲究艺术。在批评下属时，应先找出他们的长处给予肯定，然后提出批评，在严肃友好的气氛中结束批评。惩罚的方式有降级、罚款、降薪、淘汰等。在员工激励中，正面激励的效果远大于负面激励。因此，要注意表扬和奖励为主，批评和惩罚为辅。

(4)情感激励

情感激励是指通过建立良好的情感关系，激发员工的士气，从而达到提高工作效率的目的。情感激励的运用要求旅游企业管理者做到以下三点：一是善于体察人心，及时感受下属的思想和情感变化，并根据这些变化采取相应的措施；二是善于根据人的不同特点，选择不同的情感交流方式；三是要真诚，要关心、尊重和信任下属。

除了上述的激励方式，还有榜样激励、参与激励、荣誉激励、反馈激励以及工作设计激励等形式。

【相关链接5.2】

参与激励是指创造和提供机会让员工参与管理。我国企业员工参与企业决策和企业管理的渠道有许多，其中，职工通过“职代会”中的代表参与企业重大决策较为普遍。荣誉激励的方式在西方的企业中也普遍采用，例如美国IBM公司有一个“百分之百俱乐部”，当公司员工完成他的年度任务，他就被批准成为“百分之百俱乐部”成员，他和他的家人被邀请参加隆重的集会。结果，公司的雇员都将获得“百分之百俱乐部”会员资格作为第一目标，以获得那份光荣。这一激励措施有效地利用了员工的荣誉需求，并取得了良好的激励效果。

2)旅游企业激励制度的实施

每一个员工的需要是不同的,即使是同一个员工,在不同的人生阶段或者在不同的场合,其需要也是发生变化的。因此,旅游企业在制定激励体制时,须遵从以下原则:

(1)制定精确、公平的激励机制

激励制度首先体现公平的原则,要在广泛征求员工意见的基础上出台一套大多数人认可的制度,并且把这个制度公布出来,在激励中严格按制度执行并长期坚持;其次要和考核制度结合起来,这样能激发员工的竞争意识,使这种外部的推动力量转化成一种自我努力工作的动力,充分发挥人的潜能;最后是在制定制度时要体现科学性,也就是做到工作细化,企业必须系统地分析、搜集与激励有关的信息,全面了解员工的需求和工作质量的好坏,不断根据情况的改变制定出相应的政策。

(2)多跑道、多层次激励机制的建立和实施

联想集团的激励模式可以给我们很多启示,其中多层次激励机制的实施是联想创造奇迹的一个秘方,联想集团始终认为激励机制是一个永远开放的系统,要随着时代、环境、市场形式的变化而不断变化。这首先表现在联想在不同时期有不同的激励机制,对于20世纪80年代第一代联想人,公司主要保障其物质生活基本满足,注重培养他们的集体主义精神;而进入20世纪90年代以后,新一代的联想人对物质要求更为强烈,并有很强的自我意识,从这些特点出发,联想制定了新的、合理的、有效的激励方案,那就是多一点空间、多一点办法,根据高科技企业发展的特点激励多条跑道:例如让有突出业绩的设计人员和销售人员的工资和奖金比他们的上司还高许多,这样就使他们能安心现有的工作,而不是煞费苦心地往领导岗位上发展,他们也不再认为只有做官才能体现价值,因为做一名成功的设计员和销售员一样可以体现自己的价值,这样他们就会把所有的精力和才华都投入到最适合自己的工作中去,从而创造出最大的工作效益和业绩。联想集团始终认为只激励一条跑道一定会拥挤不堪,一定要激励多条跑道,这样才能使员工真正安心地在最适合他的岗位上工作。其次是要想办法了解员工需要的是什么,分清哪些是合理的和不合理的;哪些是主要的和次要的;哪些是现在可以满足的和今后努力才能做到的。总之联想的激励机制主要是把激励的手段、方法与激励的目的相结合,从而达到激励手段和效果的一致性。而他们所采取的激励的手段是灵活多样的,是根据不同的工作、不同的人、不同的情况制定出不同的制度,而绝不能是一种制度从一而终。

(3)充分考虑员工的个体差异,实行差别激励的原则

激励的目的是为了提高员工工作的积极性,那么影响工作积极性的主要因素有:工作性质、领导行为、个人发展、人际关系、报酬福利和工作环境,而且这些因素对于不同企业所产生影响的排序也不同。由此可见,企业要根据不同的类型和特点制定激励制度,而且在制定激励机制时一定要考虑到个体差异:例如女性员工相对而言对报酬更为看重,而男性则更注重企业和自身的发展;在年龄方面也有差异,一般20~30岁的员工自主意识比较强,对工作条件等各方面要求比较高,因此"跳槽"现象较为严重,而31~45岁的员工则因为家庭等原因比较安于现状,相对而言比较稳定;在文化方面,有较高学历的人一般更注重自我价值的实现,包括物质利益方面的,但他们更看重的是精神方面的满足,例如工作环境、工作兴趣、工作条件等,这是因为他们在基本需求能够得到保障的基础上追求精神层次的满足,而学历相对较低的人则首先注重的是基本需求的满足;在职务方面,管理人员和一般员工之间的需求也有不同。因此,企业在制订激励机制时一定要考虑到企业的特点和员工的个体差异,这样才能收到最大的激励效力。

(4)领导者的行为是影响激励机制成败的一个重要因素

领导者的行为对激励机制的成败至关重要。首先是领导者要做到自身廉洁,不要因为自己多拿多占而对员工产生负面影响;其次是要做到公正不偏,不任人唯亲;要经常与员工进行沟通,尊重支持下属,对员工所做出的成绩要尽量表扬,在企业中建立以人为本的管理思想,为员工创造良好的工作环境;最后是领导者要为员工做出榜样,即通过展示自己的工作技术、管理艺术、办事能力和良好的职业意识,培养下属对自己的尊敬,从而增加企业的凝聚力。总之,领导者要注重与员工的情感交流,使员工真正地在企业的工作中得到心理的满足和价值的体现。

管理是科学,更是一门艺术,是运用最科学的手段、更灵活的制度调动人的情感和积极性的艺术,无论什么样的企业要发展都离不开人的创造力和积极性,因此,旅游企业一定要重视对员工的激励,根据实际情况,综合运用多种激励机制,把激励的手段和目的结合起来,改变思维模式,真正建立起适应企业特色、时代特点和员工需求的开放的激励体系,使企业在激烈的市场竞争中立于不败之地。

5.3 员工情感与情绪

5.3.1 情感与情绪的概述

心理学认为,情感与情绪是人们对客观事物是否符合自己的需要而产生的主观态度的体验。

我们一直将情绪和情感作为一个统一的心理过程来讨论,但从产生的基础和特征表现上来看,二者有所区别。

其一,情绪出现较早,多与人的生理性需要相联系;情感出现较晚,多与人的社会性需要相联系。婴儿一生下来,就有哭、笑等情绪表现,而且多与食物、水、温暖、困倦等生理性需要相关;情感是在幼儿时期,随着心智的成熟和社会认知的发展而产生的,多与求知、交往、艺术陶冶、人生追求等社会性需要有关。因此,情绪是人和动物共有的,但只有人才会有情感。

其二,情绪具有情境性和暂时性;情感则具有深刻性和稳定性。情绪常由身旁的事物所引起,又常随着场合的改变和人、事的转换而变化。所以,员工在工作中的情绪表现常会喜怒无常,很难持久。情感可以说是在多次情绪体验的基础上形成的稳定的态度体验,如对一份工作的热爱,可能是一生不变的。

其三,情绪具有冲动性和明显的外部表现;情感则比较内隐。人在情绪左右下常常不能自控,高兴时手舞足蹈,郁闷时垂头丧气,愤怒时又暴跳如雷。情感更多的是内心的体验,深沉而且久远,不轻易流露出来。

一般来说,情感是在多次情绪体验的基础上形成的,并通过情绪表现出来;反过来,情绪的表现和变化又受已形成的情感的制约。当人们干一件工作的时候,总是体验到轻松、愉快,时间长了,就会爱上这一行;反过来,在他们对工作建立起深厚的感情之后,会因工作的出色完成而欣喜,也会因为工作中的疏漏而伤心。由此可见,情绪是情感的基础和外部表现,情感是情绪的深化和本质内容。

5.3.2 情感和情绪的分类

1)情绪的种类

根据情绪发生的强烈程度和持续时间,情绪分为 3 种状态。

(1)心境

心境是一种比较持久地、微弱地影响着人的整个精神活动的情绪状态，其特点是具有弥漫性。由于心境使人对各种事物都蒙上一层情绪色彩，因此很容易成为人的心理状态的背景，或成为某些情绪印象的良好基础，或成为另一些情绪印象的不良土壤。

影响心境的因素很多，有近因，亦有远因，有客观因素，亦有主观因素。家庭的境遇、事业的成败、工作的顺逆、往事的回忆、未来的遐想、健康状况等，甚至时令、自然景物之类，都可引起人的某种心境。

心境的好坏对于旅游者的旅游过程有着极大的影响。积极、乐观的心境会发挥旅游者的活动、交往能力，而且快乐的心境也可以感染其他旅游者。而旅游从业人员也要学会调节、控制不良心境，克服旅游工作带来的疲惫不堪、不被理解等消极心境，乐观的工作态度也会带给旅游者良好的心理感受。

(2)激情

激情是一种强烈而短暂的情绪状态。如果说情绪是精神的波浪，那么激情就是暴风骤雨了。激情的特征是理智减弱和意志失控。

激情的产生和各种不同的相互交替阶段，开始是能控制的，而后便逐渐失去理智控制，最后出现安静和疲劳现象，表现出对一切都抱无所谓的态度，呆若木鸡，精神萎靡，即所谓激情休克。

激情对人的影响有积极和消极两个方面。一方面，激情可以激发内在的心理能量，成为行为的巨大动力，提高工作效率并有所创造。在旅游企业中，当工作中的某些内容是员工感兴趣的，并且具有一定的难度，往往就会激发他们的工作激情，作出最出色的表现。但另一方面，激情也有很大的破坏性和危害性。激情中的人有时任性而为，不计后果，对人对己都造成损失。旅游者在发生负面激情时，如暴跳如雷、怒火中烧等，往往理智不清，自我控制降低，对于产生的后果往往不具备承受能力。旅游从业人员要保持情绪镇定，学会慢慢平复自己和旅游者的情绪。

(3)应激

应激是一种出乎意料的紧急情况下所引起的情绪状态。

在应激状态下，人们可能出现两种截然不同的表现：一是为突如其来的刺激所笼罩，目瞪口呆，手足无措，语无伦次，陷入一片混乱之中；一是在突如其来面前，头脑清醒冷静，急中生智，当机立断，行动有力，常能做出平时办不到的业绩。在旅游过程中，常有不可预料的事情发生，像山洪暴发、暴雪封山、车祸等，这就需要旅游企业的员工能快速集中注意力，发挥自己的经验和智慧，急中生智，及时作出决策并采取相应的措施。

2)情感的种类

人的社会性情感称为高级情感,高级的社会性情感大体分为三种。

(1)道德感

道德感是关于言行举止是否合乎社会道德规范的情感,如爱国主义感、集体主义感、同志情谊感,对社会劳动和公共事物的义务感、责任感等。

(2)理智感

理智感是认识和探求真理的需要或欲望是否得到满足的情感,如研究过程中出现新现象而生的疑惑感,因多次失败而生的焦虑感,因问题得以解决而生的喜悦感等。

(3)美感

美感是用一定的审美标准来评价事物时所产生的情感体验。一方面,美感可以由客观景物引起,如桂林山水的秀美、内蒙古草原的苍茫、故宫的绚丽辉煌、长城的蜿蜒壮美,可以使人体验到大自然的美和人的创造之美;另一方面,人的容貌举止和道德修养也常能引发美感。人在感受美的时候通常会产生一种愉快的体验,而且表现出对美的客体的强烈的倾向性。所以,美感体验有时也能成为人的行为的推动力,沉醉其中,乐此不疲。

3)情感、情绪与管理

从某种意义上说,人是一种情绪型的动物。的确,要激动一个人,理远不如情;要号召一个人,情比理容易;要完成某种事情,作为原动力,理的力量怎么也无法与情匹敌。因此,有人把现代管理称之为情感管理。

情感与情绪对管理的影响,其主要表现如下:

(1)情感与情绪对管理者决策的影响

决策是管理者的一项重要工作,正确决策的基础是对事物的客观分析、严密的逻辑推理、理智的判断。情绪成分的掺入往往会使决策失误,尤其在作重大决策时,一旦情绪成分掺入过多,往往会使事业遭受重大损失。

(2)情感与情绪对员工劳动积极性的影响

企业生产中,员工生产效率高、低或不稳定,究其原因,往往是情绪在起作用。一般说,情绪处于积极状态的员工,劳动积极性高,效率高,且不易疲劳,事故亦少;情绪低落时,则不仅效率下降,且易出事故。

(3)情感与情绪对员工健康的影响

据现代医学证明,人类80%以上的疾病都和不良情绪有关,有些疾病本身就是心因性的。

(4)情感与情绪对后进转先进的影响

对后进者,调动其积极性首先是促使情感和情绪的转化问题,动之以情是关键之一,应以"心"为中心,做到关心、交心、知心、热心、耐心、树立其信心,谓之"六心俱到,铁石皆融"。

如果管理者不了解情感与情绪的原理和特点,那么很可能胜任不了管理工作。

5.3.3 情感和情绪的变化及波动的原因

人们在现实中所接触到的一切,无论是外部对象还是人体的内部刺激,都会引起情绪和情感的变化。了解引起情绪变化的原因,有利于我们创造或消除某些条件,以诱发良好情绪而避免不良情绪的产生,无论对游客还是对接待旅游企业员工,都具有重要的实际意义。为了便于分析理解,归纳为以下几个方面:

1)身体状况

情绪具有两极性,它的产生是人脑的机能,是大脑皮层系统和皮层下系统协同活动的结果。主要是在大脑皮层所形成的动力定型(即稳固的条件反射系统)的维持或破坏的基础上产生的。遗传、激素分泌发生紊乱、神经系统功能的器质性变化或精神上的刺激引起的生理变化等都会影响到一个人的情绪。

日常生活中,身体健康、精力旺盛,是产生愉快情结的原因之一。身体健康欠佳、过度疲劳或患病特别是患有某些生理变化及处在更年期的人,情绪就更容易激动,从而容易产生不良情绪反应。

2)需要是否得到满足

需要是情绪产生的主观前提。人有着各种不同的需要。人的需要能否得到满足,决定着情绪能否产生,决定着情绪的方向,决定着情绪的性质,满足的程度决定着情绪的强弱,同时情绪的方向也决定着行为的方向。若是客观条件能够满足人们的需要,就会产生积极肯定的情绪,如高兴、满意、喜欢等。人的需要得不到满足,就会产生否定的、消极的情结,如不满、失望、遗憾、气愤等。

3)团体成员中的人际关系

一个团体中成员之间心理相容,互相信任,团结合作就会让人心情舒畅,情绪积极;如果互不信任,互相戒备,则会随时都处在不安全的情绪之中。人与人之间的交往过程要尊重别人,信任别人,同时也受别人尊重和欢迎,这样才能产生亲密感、友谊感,心情必然是愉快的。

言语是人际交往的工具,言语状况对情绪有明显的影响,俗话说:"良言一句三冬暖,恶语伤人六月寒",言语刻薄或是言语不当,都会立即引起不愉快的情绪甚至导致愤怒情绪的产生。

4)职业定位

职业的定位也是影响人们情绪的一个重要原因。对工作都会有一个期望值,期望值的程度来源于接受到的信息量的多少和自身经历的影响,期望值的高低常常影响着情绪的强弱,当期望值高于实际值时,常会感到遗憾和失望,满意度下降;反过来,当期望值低于实际值时,会感到意外和惊喜,这些都会影响情绪的波动。

尤其值得一提的是,在长期强烈的工作压力之下,容易使人产生一种职业倦怠感,产生一种心理上的疲惫。这种内心想法的变化常常带来情绪的变化与行为的改变。

5)活动交往的顺利程度

需要是动机的基础,为了满足需要,人们在动机的支配下产生行动。不仅行动的结果(能否实现动机的目标)产生情绪,而且在行动过程中是否顺利也会引起不同的心理体验。活动顺利,产生愉快、满意、轻松等情绪体验;活动不顺利,就会产生不愉快、紧张、焦虑等情绪。人在活动过程中不同情绪的产生是常常被忽视的,我们应当加以特别的注意。因为活动进程本身就是一个很好的激励因素,其中就有情绪的产生,并反过来对活动的继续进行产生积极或消极作用。因而,活动过程中情绪的产生,是普遍的和重要的。

6)环境与条件的优劣

旅游设备设施与工作活动内容等因素结合在一起形成的工作环境氛围等也在一定程度上影响着情绪的变化。环境条件是一种外在刺激,它引起人的知觉并从而产生情绪和情感体验。和谐的环境使人产生美的情感体验,整洁的环境使人赏心悦目,芳香的气味、悦耳的音响等,都会使人产生愉快的情绪,脏乱的环境、难闻的气味、刺耳的噪声、繁重的劳动等常常会使人反感、不愉快。与此同时,健康的社会生活、安定的社会环境使人身心舒畅,健康的社会生活被破坏及社会的混乱,就会使人产生紧张不安和焦虑情绪。

5.3.4 自我情感和情绪的控制

在日常工作和生活中,人人都会遇到不良情绪的困扰。它们往往会影响正常的学习、工作与生活进程。对于不良情绪,可以采用以下一些方法进行调控:

1)合理排遣与宣泄

“喜怒不形于色”往往被认为是有修养的表现,但过分压抑自己的情绪反应,不仅会加重不良情绪的困扰,还会导致某些身心疾病。因此,可以采取适当的途径进行宣泄。合理宣泄的方法有:向领导、同事、亲朋好友以及有较高学识修养和实践经验的人倾诉;矛盾双方面对面地、开诚布公地交换意见,消除误会;到大操场上去跑几圈,做重体力活,等到累得满头大汗、精疲力竭时,便释放了聚集的能量;大哭一场,也是释放能量的一个方法。这里要注意的是,排遣与宣泄要合理。迁怒于人,找替罪羊,往其他人身上发火,摔碗砸壶,破坏生产设备等,都是不合理的。

2)转移注意

悲伤、忧愁、愤怒时,采用分散注意力的方法,可以使情绪得到缓解。分散注意力的方法包括:有意识地转移话题;避开某些对象,不去想或将它们遗忘;到街上走走;去图书馆看书;外出旅游,走亲访友;等等。

3)积极升华

歌德年轻时,曾因失恋而绝望,企图自杀。后来他抑制了这种轻率行为,以自己的爱情遭遇作为素材,写出了世界名著《少年维特之烦恼》,这是艺术升华的典型。将挫折变成动力是升华的本质。可以通过自己喜爱的集邮、写作、书法、美术、音乐、舞蹈、体育锻炼等方式,使情绪得以调适,情感得以升华。

4)自我安慰

碰到不顺心的事情时,寻找一些“理由”来安慰自己,以减轻内心的失望与痛苦。主要的自我安慰方法有“酸葡萄心理”和“甜柠檬心理”。不妨采用阿Q的精神胜利法,比如“吃亏是福”“破财免灾”“有失有得”等,来调节自己失衡的心理。或者“难得糊涂”,冷静看待不顺心的事情。

5)诙谐幽默

幽默能使紧张的精神放松,摆脱窘困场面。传说大哲学家苏格拉底有一位脾气暴躁的太太。有一天,苏格拉底与客人谈话时,太太突然跑过来,大骂苏格拉底,并随手将脸盆中的水浇在苏格拉底身上,把他全身都弄湿了。正当大家感到尴尬万分之际,苏格拉底笑了笑说:“我早就知道,打雷之后,一定会下大雨。”一言解颐,他的妻子也禁不住笑出声来,窘困的气氛为嬉笑所代替。这样,本来是很难为情的场面,苏格拉底一幽默,就大事化小了。

6)放松练习

当不安情绪袭来时,人们常常为解脱紧张而深深地叹一口气,或者突然大大地吐一口气。睡觉休息也是消除不良情绪的一种好方法,它可以使情绪彻底地松弛下来。

【相关链接5.3】 情绪智力

情绪智力又称为情感智力、情感智慧或情绪智能。情绪智力是近年来对商业企业最有影响的思想之一,它的理念是,经理人了解和控制自己和周围同事情感的能力将决定企业能否有更好的商业表现。情绪智力(emotional intelligence)的概念是由美国耶鲁大学的萨洛维和新罕布什尔大学的玛依尔提出的,是指“个体监控自己及他人的情绪和情感,并识别、利用这些信息指导自己的思想和行为的能力”。

作为通过培训方式进行辅导的心理学家,高曼对哈佛大学的心理学家霍华德·加德纳和耶鲁大学的心理学家彼得·萨洛维的思想进行了进一步延伸。在他的著作中,高曼引用了萨洛维对情商所下的定义。萨洛维认为,情绪智力主要体现在以下5个方面:

1)认识自身情绪的能力

认识自身情绪,就是能认识自己的感觉、情绪、情感、动机、性格、欲望和基本的价值取向等,并以此作为行动的依据。

2)妥善管理自身情绪的能力

妥善管理自身情绪,是指对自己的快乐、愤怒、恐惧、爱、惊讶、厌恶、悲伤、焦虑等体验能够自我认识、自我协调。比如,自我安慰,主动摆脱焦虑、不安情绪。有人发现,当自己情绪不佳时,可用以下方法帮助调整情绪:①正确查明使自己心烦的问题是什么;②找出问题的原因;③进行一些建设性行动。

3)自我激励

自我激励,指面对自己欲实现的目标,随时进行自我鞭策、自我说服,始终保持高度热忱、专注和自制。如此,使自己有高度的办事效率。

4)认识他人的情绪

认识他人的情绪,指对他人的各种感受,能“设身处地”地、快速地进行直觉判断。了解他人的情绪、性情、动机、欲望等,并能作出适度的反应。在人际交往中,常从对方的语言及其语调、语气和表情、手势、姿势等来作判断。常常真正透露情绪情感的就是这些表达方式。故捕捉人的真实的情绪情感的常是这些关键信息,而不是对方"说的什么"。

5)人际关系的管理

人际关系的管理,这是指管理他人情绪的艺术。一个人的人缘、人际和谐程度都和这项能力有关。深谙人际关系者,容易认识人而且善解人意,善于从别人的表情来判读其内心感受,善于体察其动机想法。这种能力的具备,易使其与任何人相处都愉悦自在,这种人能充任集体感情的代言人,引导群体走向共同目标。

(资料来源:http://wiki.mbalib.com/wiki/情绪智力)

5.3.5 心理健康

1)概念

心理健康的界定多数学者认为,应以人的整个行为的适应情况为标准,而不过分重视个别症状的存在。心理健康包括人的人格、能力、认识、行为和情绪多方面的健康。就心理健康的人本身而言,又有水平高低之分。如心理健康从最低水平上理解是指没有心理障碍或行为问题的一种精神状态;从高水平上理解则是人们客观地认识环境与自我,进行心理调节,最大限度地发挥自身潜能,从而更好地适应社会生活,更有效地为社会和人类作出贡献的心理状态。如果一个人经常过度地处于焦虑、郁闷、孤僻、自卑、犹豫、暴躁、怨恨等不良心理状态,不可能在工作与生活中充分发挥个人潜能,取得成就。

2)心理健康的标准

判断心理健康有不同的标准。

有的心理学家是以个人行为能否符合社会规范、社会水准,能否为社会接受,来划分常态和变态。有的学者是试图从个人能否主观感受到情绪和身体的痛苦来划分常态与变态。西方心理学家普遍采用心理测验的方法搜集资料,并与其他方面的资料汇集在一起,诊断心理的常态与变态。这些测验有的是测量感知觉和运动的,有的是测量智力的,有的是测量人格倾向的。

1946年第三届国际心理卫生大会曾为心理健康下这样的定义:"所谓心理健康是指在身体、智能以及在感情上与他人心理健康不相矛盾的范围内,将个人心境发展成最佳状态。"大会还具体指明心理健康的标准是:"身体、智力、情绪十分调和；适应环境，人际关系中能彼此谦让；有幸福感；在工作和职业中，能充分发挥自己的能力，过有效的生活。”

综合国内外专家学者的各种观点，一般认为心理健康者有如下特征：

①行为反应适度。行为适度是指一个人的行为内容符合社会规范，与社会角色相一致；反应强度与刺激强度相一致，不过敏、不迟钝，言谈举止、喜怒哀乐均在情理之中。

②心理和行为符合年龄特征。心理健康的人的心理和行为应与同年龄多数人相一致。如果一个人的心理和行为与他的同一个年龄层次的人差异相当大，一般被视为心理不健康。青少年过分“少年老成”，像年迈的老人一样，独坐一隅、萎靡不振；或者，成年人具有过多的“幼稚化”的表现，喜怒无常、好吵好闹，经常耍小孩子脾气，都是心理不正常的表现。

③自我概念正确。具有自知之明，能正确认识和评价自我，不仅能了解自己的长处、优势和优点，也能了解自己的短处、弱点与缺点，并能努力改正和克服自身缺点及不足，以适应社会发展的要求。

④具有自我价值感。能体验到自己存在的价值，所定目标和理想切合实际，对自己感到满意。如果总是要求自己十全十美，却又无法做到完美无缺，就会同自己过不去，使自己的心理状态永远无法平衡。

⑤情绪健康。健康的情绪在生理上表现为人的中枢神经系统活动处于良好的和谐状态。在心理上则表现为：生活乐观，情绪安定，心怀坦荡，心胸开阔，没有不必要的紧张感与不安感，对别人富有同情心，充满热情，能够充分理解别人对事物的体验，乐于助人，并乐于接受别人的帮助，有充分的自信心，对事业自信而又执着地追求，充满希望。

⑥善于与人相处。社会交往能力及其状况，标志着一个人的心理健康水平。健康的人应该乐意与人交往，善于与人交往，与他人保持良好的和谐的人际关系；能够理解和接受他人的思想和感情，也善于表达自己的思想和感情；在交往中既能悦纳他人，也能愉悦自己。

⑦面对现实，正视现实。心理健康者能和现实保持良好的接触，对自己生活、学习和工作中碰到的困难能用适当的方法妥善解决，对于环境所发生的变化或者遭遇到的较大的挫折，也能正确对待，能随遇而安地很快适应，不逃避现实；遇到极端喜悦的事件，能适度对待，不忘乎所以。

⑧自我控制。善于控制自己的心理与行为，有明确的行为标准，完成任务的自觉性高，能较好地控制自己的情绪和行为，不为环境所干扰与诱惑。

3)企业常见的心理问题

(1)压力

企业中最突出的心理问题是压力。压力可能来源于工作本身,可能来源于工作中的人际关系,也可能来源于家庭和日常生活,总之压力可能来源于工作、生活的各个方面。

压力是企业心理问题的核心。压力过大会引起很多消极反应,如疲劳,沮丧,记忆力、创造性下降,工作热情和积极性下降,还可能产生各种身体反应。这无疑极大地影响着工作效率。

(2)沟通和人际关系的问题

当今企业,沟通和人际关系比以往任何时候都重要。沟通和人际关系有几个方面,一是与客户的沟通和关系,二是同事之间的沟通和关系,三是上下级之间的沟通和关系。沟通和人际关系直接关系到客人服务质量、信息传递的速度和质量、组织气氛和企业文化的健康,因此与组织企业的效率息息相关。

(3)心理危机

在某些特定时期,如企业裁员,并购以及员工遭遇灾难性事件,员工会产生弥散性的心理恐慌,此时,心理学的干预是很重要的。

(4)个人问题

比如恋爱、婚姻家庭、子女教育、个人心理困扰等问题。这些虽然是员工的个人问题,却是影响员工压力和情绪的重要因素。

心理问题对企业的影响常表现出员工缺勤率增加,离职率增加,事故率增加,工作中的人际关系冲突增加,工作效率下降。对企业而言,压力的代价难以具体计算,但是对一些压力和心理干预项目投资回报率的研究表明,这类服务项目的收益往往很高,超过一般商业投资的回报率。这也从反面证明了压力和心理问题给企业造成的损失是重大的。

企业应对压力和心理问题要做好两项工作:一是对员工进行心理培训服务;其次就是对员工的帮助计划,即提供职业心理健康调查研究、组织管理与建议、心理咨询及康复等各方面的服务。通过对话,增加主管与员工之间的沟通,明确企业的发展战略及双方的期望,使之更好地实现组织目标。

5.4 员工人际关系

人在社会生活和社会活动中随时都要进行相互之间思想的交流和情感的传

递，产生人与人之间的相互交往。人际交往是人的各种社会活动的基础。人际交往影响着各项社会活动的发展情况，也是影响各项社会活动是否能获得成功的重要条件。

旅游活动是人的社会活动之一。在旅游活动中既有旅游者之间的交往，又有同旅游接待者之间的交往，既有个人之间的交往，又有团体之间的交往，所以，旅游活动是人际关系比较复杂的社会活动。旅游中人际关系的性质和状况，是旅游活动成败的重要因素，为了使旅游活动顺利进行并获得良好的效果，应该了解有关人际关系的活动规律，并在旅游活动中很好地加以运用。

5.4.1 人际关系的概念

1)人际关系的定义

人际关系是指社会活动中人与人之间的直接的心理关系、心理上的距离，是人与人之间，在一段过程中，彼此借由思想、感情、行为所表现的吸引、排斥、合作、竞争、领导、服从等互动关系，一般也被称为“人际交往”，包括朋友关系、学友(同学)关系、师生关系、雇佣关系、战友关系、同事及领导与被领导关系等。

人际关系都是有一定的目的，人际关系反映了个人或群体寻求满足其社会需要的心理状态。人是为了满足某些需要而交往的，其发展与变化取决于双方需要的满足状况与程度。它以被人接纳的需要为基础，以情感为联系的纽带。人是社会动物，每个个体均有其独特的思想、背景、态度、个性、行为模式及价值观，然而人际关系对每个人的积极性、情绪、生活、工作有很大的影响，甚至对职工士气、内聚力、组织气氛、组织沟通、组织运作、组织效率及个人与组织关系均有极大的影响，是社会关系的一个重要方面。

2)人际关系的作用

(1)人际关系是团结的心理基础

人与人之间相互接纳、喜爱及表现出的热情，可以增强对方的积极态度，缩小心理上的距离，成为增进个人之间和团体团结的基础。人际关系好就会增强团结，人际关系不好，就会形成隔膜，产生摩擦，增加内耗，影响团结的力量。

(2)人际关系影响活动效率

人际关系好，人与人之间感情融洽，就会心情舒畅，有助于发挥工作和活动的积极性和创造性，成为提高工作和活动效率的积极的心理因素。人际关系不好，彼此疏远、排斥，相互猜疑、防备和不协作，处于紧张的心理状态下，必然降低工作和活动的效率。

(3)人际关系影响身体健康

人际关系好,能够满足人际关系的心理需求,就能保持心理平衡,使机体保持正常的机能状态,从而有利于身体健康。人际关系失调,不能满足正常的心理需求,就会失去心理平衡,孤寂、苦闷的心理压力不仅会降低机体机能,还会造成疾病的发生,使身心健康均受损害。在人际交往中,通过诉说自己的喜怒哀乐,宣泄不良情绪,消除心中郁闷与不满,驱散心理上的压抑可以保持身心健康。

(4)人际关系影响信息交流

人们在交往中可以通过信息的沟通,了解社会行为规范,了解各种不同社会角色的行为标准,以便在各种社会活动中与其他社会成员在行为上保持和谐一致。通过交往增加对别人的了解,有利于与他人建立与发展和谐友好的关系。交流是人与人之间活动的重要组成部分。通过交流可以将相关的有效信息传递给相关的人员。在一个关系正常化的群体中,消息可以很快并且全面地进行有效传播,但在一个关系不正常的群体中,往往是信息沟通不畅。人生活在群体中,通过人际关系可助人自我了解,从而更好地与他人进行沟通,同时人际关系可达到自我实践与肯定。

(5)人际关系影响行为方式

交往可以调节工作节律,和谐的人际关系可以使人心情畅快,产生积极的情绪体验,这种正面的体验可以提高人的活动能力,激发创造力,提高行为绩效;反之,人的心理备受压抑,所产生的消极情绪体验则会降低人的活动能力。

3)人际关系的类型

人际关系按其范围、性质和时间可作出不同的分类。

①按照范围的大小可把人际关系分为3种类型:

a.两个人之间的关系:如朋友关系、夫妻关系、同事关系、师生关系、领导与被领导的关系、旅游接待者与旅游者的关系、旅游者与旅游者之间的关系、旅游接待人员之间的关系,都属于两个人之间的关系。

b.个人与团体的关系:如个人与家庭的关系、学生与班级的关系、游客与所属旅游团的关系、接待人员与旅游团的关系等。

c.团体与团体的关系:如班级与班级的关系、工作部门与工作部门的关系、旅游团体与旅游接待团体的关系、不同的旅游团体之间的关系等,都是团体与团体之间的关系。

②按照性质的不同,人际关系可以分为积极的人际关系和消极的人际关系,积极的人际关系如协调、友好、亲密,消极的人际关系如不协调、紧张、敌对等。

③按照时间的长短,人际关系可以分为长期关系和短期关系。如家庭中的

人际关系就是长期关系，旅游接待者与某个旅游者的关系就是短期关系。

④以人际关系反映需求倾向的角度可以分为6种基本的人际关系倾向。

心理学家舒兹以人际关系反映倾向的角度研究，认为每个人对人际关系都具有需要，在交往中，每个人对别人的要求与方式都不相同，在社会生活中，都会形成自己独特的基本倾向与反应特征，对这个具有稳定性与一致性的特征的了解与掌握，可以预测到一个人在交往过程中可能发生的交往反应。人的需求分为3类，如表5.2所示。

a. 包容的需求。人人都有希望与别人建立并维持和谐关系的需求。这就是接纳别人和被别人接纳的包容的需求。出于这种需求产生的对待别人的行为特征是交往、沟通、相同、融和、参与、出席、亲密、随同等。与这种需求相反的对待别人的行为特征是孤立、退缩、排斥、疏远、忽视、对立等。这种需求的性质和强度不同，交往的深度和维持的时间也不相同。

b. 控制的需求。表现为希望在权力和权威上与别人建立并维持良好关系的欲望。其人际关系对应的特征是运用权力、权威、威信来影响、支配、控制、领导他人等。与此相反的人际关系特征是抗拒权威、忽视秩序，或者追随他人、模仿他人、受人支配等。控制的需求是人们所共有的，例如，谁都希望以自己的态度去影响别人，希望别人同意自己的观点，接受自己的意见，同时也会受别人的态度的影响，这种心理上的影响就是一种控制。

c. 情谊的需求。这是指在感情上愿意与别人建立并维持良好关系的欲望。其行为特征是同情、喜爱、热情、友善、热心、照顾、亲密等。与此相反的行为特性是冷漠、疏远、厌恶、憎恨等。旅游者的人际关系需求既包括旅游者之间的需求，也包括旅游接待人员与旅游者之间的需求，同时还包括旅游工作人员之间的需求，它们共同影响人际关系的建立和旅游活动的开展。

这3种不同的需求类型又可以区分成主动型和被动型两种，从而产生6种基本人与人之间交往的关系倾向。不同的人际关系对个人有不同的影响，应当从不同的方面发挥人际关系的不同作用。

表5.2 需求类别

需求种类	主动型	被动型
包容需求	主动与人交往	期待别人接纳自己
控制需求	支配他人	期待别人支配自己
感情需求	对别人表示亲热	期待别人对自己表示亲热

5.4.2　人际交往心理的影响因素

在人际交往中,会产生性质和程度各不相同的人际关系,这取决于各种不同因素的作用和影响。有的因素可以促进人际关系的建立和发展,有的因素则对人际关系有阻碍作用。

1)增进人际吸引的因素

(1)空间因素

人与人之间在地理位置上越接近,越容易形成彼此之间的密切关系,如:同一个团队的游客,同一个宿舍同伴,同一个办公室的同事,同一个住宅的邻居等,由于空间位置上接近,有利于形成较密切的人际关系。

(2)交往频率因素

人们由于工作或活动的需要等原因,交往的次数多,彼此有更多的机会相互沟通,容易形成共同的话题、共同的经验和感受,增加相互了解,因此,易于建立较密切的人际关系。

(3)相似性因素

如果交往双方在某个特点上具有相似性,那么他们就容易相互吸引,产生亲密感。双方有各方面的相似,容易产生较密切的人际关系。平日讲的"物以类聚,人以群分""酒逢知己千杯少,话不投机半句多"等,就是对相似因素影响人际关系的一种概括。相似性包括年龄的相似性、社会背景的相似性、兴趣和爱好的相似性以及工作态度的相似性等。这种相似性不仅会影响人际交往,还能影响上司对下属的工作评价,即"类似吸引效应"。

(4)互补性因素

有一些因素虽然并不相似,但如果具有互补关系,亦能成为促进人际关系的积极因素。

需要上的互补:如果双方都能满足对方的需要,则容易形成较密切的关系。如:一方需要同情和关心,另一方愿意对别人表示关心,双方互相满足对方的需要,形成较密切的人际关系。

性格上互补:性格上相似的人容易相处,但性格上相反却能形成互补关系,也能构成人际吸引的因素。如:脾气急躁的人和脾气温和的人会相处得较好,行为果断和优柔寡断的人也会成为好朋友,这是由于他们在心理上互相满足对方的心理需要,因而成为建立人际关系的积极因素。此外,对于管理者与下属、服务员与顾客等这类能够相互满足对方的心理需求,则容易建立良好的关系。

(5)相悦与熟悉因素

人一般都愿意与喜欢自己的人建立良好的关系。相互熟悉的人比陌生人易于建立良好的关系,所以,在人际交往中有意识地唤起对方的熟悉感,如称呼其姓名、谈论对方熟悉的事情、对于交往过的人适当提及过去交往中的愉快经历等,均有利于建立较密切的人际关系。

(6)个人特质因素

人的容貌、穿着、体态和仪表都是影响人际关系的因素。这些因素是与人接触时形成第一印象的重要因素,尤其是对陌生人,这将成为他进一步交往的依据。一个相貌端正、举止文雅、穿着整洁的人常常给人良好的印象,这种人具有比较高的吸引力。而那种不修边幅、举止粗俗的人则会给人留下不好的印象,这种人缺乏吸引力。但是这些因素只在交往的最初阶段有较大的影响,随着交往的发展和深入,其作用就会降低,其他内在因素将起更大作用。

在人的诸多个性品质中,热情是决定一个人在他人心目中印象的关键性因素。热情的主要表现是对人、对事采取称赞、欣赏和支持的态度。可以说,喜欢别人的人,即热情的人,也是最受别人喜欢的。聪明能干的人也对别人具有吸引力。一个人如果情绪不安、怀有自卑感,那么他就难以受到别人的喜欢;相反,一个自信、乐观、能力出众的人容易得到别人的喜爱、尊重和信赖。其他令人愉快的人格特质,如开朗、心地善良、不自私、关怀体贴等也较令人喜爱。

2)阻碍人际吸引的因素

(1)文化因素的阻碍

由于文化背景的不同,会形成交往的障碍,如对语意的不同了解而产生的对信息内容的探解、曲解或断章取义等,就受到教育程度、种种传统的影响。

(2)社会因素的阻碍

人的年龄不同、职业和社会地位不同,会对人际交往形成阻碍。如老年人与青年人,不同职业的人以及地位高与地位低的人,由于对信息的态度和理解的差别,也会造成交往的困难。

(3)个体因素的阻碍

①自我评价的影响。人作为社会的一员,既要认识他人,同时也要认识自己,形成自我评价。但并不能保证每个人都能形成正确的自我评价。有的人过高地看待自己,自命不凡,忽视别人的存在、以自我为中心,其所作所为难以为社会和他人所接受。自我中心倾向强烈的人,很少与别人交流思想。相反,有的人则过低地估计自己,往往自惭形秽,怀疑自己的知识和能力,因而为人处世畏畏缩缩,裹足不前。由于不能正确认识自己而对人际交往较为不利。

②嫉妒心理影响。嫉妒是当个体的私欲得不到满足时,对造成这种不满足的原因与周围已得到满足的人产生的一种不服气、不愉快等情绪体验。这种嫉妒心理如不能加以抑制而任其发展到极端会演变成为损人利己的活动,那就成了违背人类道德的行为。为了交往的成功,为减少组织或群体中的摩擦和内耗,应该充分注意割除嫉妒这一危害人际关系的毒瘤,尽力抑制和克服人际交往的嫉妒心理障碍。

③羞怯心态的影响。羞怯心理是许多人都会有的一种情绪体验。一般是缺乏交往的信心和勇气,在陌生人面前感到心理上有一种无形的压力,交谈时面红耳赤,手足无措,张口结舌。所以确切地说,羞怯心理是在与他人交往时所产生的紧张、拘束、尴尬和局促不安的情绪反应,羞怯心理若得不到控制走向极端,就难以主动交朋结友,就会导致与人隔绝、闭关自守,久而久之,就难免产生恐惧。

④猜疑心理的影响。怀有这种心理的人,总是以一种怀疑的眼光看人,对人怀着戒备之心,戴着面具与人交往。对人不真诚、不坦诚,而隐蔽自己思想观点和情感,于是与别人的关系就会变得越来越虚假、无聊。一个缺少诚信和信义的人传递的信息,也会引起别人的类似态度而影响传速效果。

此外,影响和干扰别人需要的满足和活动的正常进行;苛求别人,缺乏宽容态度;言语缺乏表现力,热情过分;智力较低而影响对信息的表达和接收;品质不好,爱传播流言蜚语等,都会成为人际关系的阻碍。

5.4.3 人际冲突的分析与应对

1)正确认识冲突的概念

冲突指两个或两个以上的人或群体,在目标上互不相容或相互排斥,从而产生心理或行为上的矛盾。

处在同一组织或群体中的人们,由于相互的交往,在人与人之间常常会因为这样或是那样的原因,发生一些分歧、争论、冲突和对抗,冲突的发生常常会使人情绪过分的紧张,影响正常的活动,对工作带来重大的影响。

对于冲突,最初,人们认为冲突只有消极意义,以前总认为它是有害无益的,冲突不利于企业中正常活动的进行,它只能起到破坏作用,是一个组织和群体应该尽量避免出现的事故。因此要采取各种办法避免冲突。但是近几年来,在实践工作中,这种观点已在某种程度上有所改变。发现冲突并非都是坏事情,冲突是一种客观存在的、不可避免的正常现象。冲突对于群体来说常常是有利的,它可以带来新的观念并促成新的议题。事实上,冲突在一个适宜的水平之上时,可以保证绩效，冲突可以促使人们寻求新的策略与方针，帮助克服停滞的自满的情绪。如今在一个组织或群体之中，如果对什么都保持一致，就不会有挑战，不会有创造性，也不会有相互的学习和提高。冲突很自然，关键在于要把冲突变成一种创造性的力量。

2）冲突产生的根源

（1）人的个性问题

这主要是指人的个性特征导致的冲突。一些人的个性特点导致别人很难与他们合作。每个人的背景、教育、经历等因素都不相同，因此每一个人都有自己独特的个性特点和价值观，因此有的人会令人感到尖刻、不可信任或者陌生。这种人格上的差异也会导致冲突。

（2）争夺有限资源

资源的有限性有时候也会成为冲突暴发的原因。为了各自所代表的利益，在相互的竞争中，常常会采取各种各样的策略、方法与手段来战胜对手，以获取有限资源。特别是越是资源稀缺的时候，竞争越大，冲突的几率越大，程度也越强烈。

（3）立场差异的影响

不同的角色、不同的位置、不同的价值观导致不同的立场，每一个人或者团队都有自己独特的利益和观念，这是导致冲突的重要原因之一。不同的部门或者利益团体在结构上的原因导致整合的困难，其结果就是冲突。这种冲突不是个人恩怨造成的，处理起来也很麻烦。

（4）沟通差异导致的冲突

缺少沟通会造成误会，产生冲突。但是沟通差异也一样会产生冲突。人们常常轻易地认为，大多数的冲突是由于缺乏沟通造成的，但事实上，许多冲突中却伴随着大量的沟通。有一种错误的认识，就是将良好的沟通与别人同意自己的观点等同起来。乍看一下，几乎所有的冲突似乎都是由于沟通不畅造成的，进一步分析，不一致的意见是由于不同的角色要求、团队目标、人格因素、价值体系，以及其他很多原因造成的。

此外，群体或组织的结构规模过大，层次过多，分工复杂，信息曲解，职责规定不清晰或是组织风气本身不佳等原因也会导致冲突的产生。

3）人际冲突问题的应对

冲突的存在，一方面会对群体或组织的形象造成不良的影响，另一方面也会影响活动绩效，为此，必须尽量减少冲突。从改善群体环境和良好交往气氛人手,了解情况,明确信息,防止信息过量,鼓励双向沟通或多向沟通,注意沟通技巧,培养相互之间的信任感,改变处事风格,培养积极的沟通态度,建立合理的组织结构和采取必要的组织措施,直到提高群体成员的自我修养,以此来实现冲突的减少。

对于群体或组织之中已经出现了的冲突现象,要尽量地解决好。矛盾或冲突一般来说不是突然产生的,往往有一个由潜到显、由小到大的过程。辩证法告诉我们,任何矛盾的产生都与特定的时空条件、事件性质有密切的关系。因此,要放弃简单处理冲突的刚性方式,及时、周密地掌握各方面情况,找出冲突的根源,根据具体情境、具体人员、具体事件,采取灵活方法及时处理冲突。

(1)化解冲突于萌芽状态

在任何群体或组织活动中,冲突与不满时常都会发生,必须及时并合理地处理冲突,消除不满。

群体或组织内部发生冲突不一定是坏事,它使一些潜在矛盾暴露出来。但是,冲突给正常的工作秩序造成不同程度的危害,对群体或组织目标的实现起负效应影响。当人们普遍就所关心的问题有了较偏激的反应时,就会形成一种从众心理,其突出特点就是情绪色彩浓厚,相互传染快。这些情绪色彩显现在外就是产生较强烈的对立情绪,特别是当一部分人的要求得不到满足时,这一特点就更加明显。如不及时加以疏导,这种对立情绪就会恶化并引发冲突。因此,可采取以下步骤进行疏导和处理:

①及时沟通信息,在矛盾气球爆破之前先放气。矛盾不断激化的一个重要原因,是不满意的地方太多,若压着不能讲,问题长期得不到解决,就像高压锅一样,持续高温又没有出气的地方,到一定程度非爆炸不可。

②冲突发生后,要迅速控制事态,及时阻隔信息,避免流言的影响。应把握好各方面的思想情绪,做到该畅则畅,该阻则阻,从而达到化解矛盾、消除不利因素、求同存异的目的。

(2)以大度化解矛盾

古人言:宰相肚里能撑船。凡事让三分,可为今后的工作作好铺垫。在冲突发生后,要分析对立和冲突产生的原因、作用、后果以及如何转化,为进一步的思考处理作好准备。下面的建议在消除对立状况时可参考使用。

①别人对自己是否有恶意?很多时候,其实别人对自己并没有恶意,而自己却以为别人在故意跟自己作对。

②自己没有误会对方吗?我们在看一个人的时候,常会因所看到的某一部分现象而产生误解。如果是这样的话,重新调整自己的视角,问题就好解决了。

③是不是完全不了解对方而自己妄加揣测呢？如果是这样，就要努力去了解对方，与对方沟通，这样可以避免不良冲突，或在冲突刚起时就通过双方的沟通予以消除。

④产生对立的原因何在？事出必有因，如果能找出具体原因，就能对症下药，消除对立。

⑤对方的真意在哪里呢？是个性使然，还是一时的兴起？努力从对方的表情、态度、说话的语气来了解其本意。

⑥真的不对立不行吗？如果是会影响团队利益或规章制度不允许的重要事情的话，就必须断然予以否定。但是，如果为了微不足道的小事而对立，那是多么愚蠢！

⑦互相对立对彼此有什么好处？如果能不只考虑到私人利益，而以更广泛的立场来思考的话就好了。不良的人际关系不只损害到自己，我们也要为对立而造成别人不愉快而负责任。

(3)动之以情，晓之以理

不良冲突往往伴随着情绪上的对立，如果一个人有意见冲突，对对方无好感，那么就是搬出最严格的逻辑学也无法使他同意，因为情绪已遮蔽了理智。一个人一旦有了自己明确的见解，他是很难被迫改变自己意见的，但如果首先动之以情，缩短感情的距离，诚恳谦虚地诱导对方，就可以使他们改变主意。

(4)冷静思考，善后解决

对立双方对于解决问题的意见不同，或自我意识太强，都有可能引发争执。若是久经磨合，坦诚相见，则争执有利于鼓励不同意见。但在很多情境下，事实往往不能如愿，争执常常会发展为争吵或冲突。如果发生这种情况，从以下问题入手，思考解决问题的办法。

①事态为什么会变成这样？找出产生对立的原因。

②为什么自己要那么坚持？试想这是不是值得钻牛角尖的小事呢？

③对立为何要如此坚持？是为了名还是利呢？努力找出原因。

④自己的主张真的正确吗？对方如此坚持自己的意见，是不是因为自己的主张有缺陷呢？还是自己坚持错误呢？

⑤有必要固执己见吗？如果能退让一步对双方不是都很好吗？

⑥自己的表达方式是不是有问题？即使自己的意见是正确的，但如果表达方式有了问题，就会伤了对方的自尊心或让对方很没有面子。所以要改进自己的沟通方式。

⑦即使说不过别人，也绝不表示你就输了。若拼命反对对方的观点，不过是

白白浪费时间而已。

⑧把对方当成敌人后,结果会如何呢?无时无刻不在讨厌对方。但想想看,这又能给双方带来什么好处呢?

⑨要怎么做才能平息争吵呢?可以试着改变说话方式,承认对方的立场也有好的一面,并且将这个想法传达给对方。

⑩想办法给对方一个台阶下,或者自己找一个台阶下,若双方都明白对方想退一步的话,往往会产生好结果。

5.5　常见问题的解决与管理

5.5.1　小团体主义(非正式团体)

根据群体构成的原则和方式,可以把群体划分为正式群体和非正式群体。非正式群体像正式群体一样客观存在,非正式群体形成后,对人的心理倾向和行为具有重要的影响。

1)小团体主义(非正式团体)的产生

非正式团体是一种人们在社会工作和生活中自愿结合而成的团体。由于交往和相互了解的加深,在同一组织内的成员与一些志同道合、信念一致、感情亲近、关系密切的别的成员结为一体,建立一种非正式的联系,以期满足他们的共同心理需要。

非正式团体产生的原因是多种多样的,一般来说,它主要同人们追求平等感、追求安全感、追求友谊、追求承认、追求尊重、追求利益保护、追求自我实现的心理趋向以及亲朋同学关系、相同兴趣爱好等有直接关联。

2)小团体主义(非正式团体)的特点

鉴于上述原因,非正式团体一旦形成,一般具有以下几个显著的特点:

①相互依附,具有共同的兴趣、爱好或价值观念。成员之间交往迅速,成员心理上比较接近,交往的障碍少,人际交往顺利而迅速,容易对问题和事物产生较一致的反应。

②相互提携,协作精神强,内聚力大,凝聚力强。情感是维系团体成员的纽带,彼此之间更加相互信任和相互支持。他们相互依赖、团结一致,情感也较

密切。

③相互平等，彼此能够意识到对方的存在，并有"我们都是一伙"的心理感受。心理相容性高，容易产生认识和情绪上的共同感受，行为协调一致，协作精神与意识很强。

④相互承认，成员心理需求的满足比较大，对团体的归属感和认同感强。相互尊重，不以损害同伙的利益为手段来满足自己的需要。

⑤相互监督，要求每个成员严格遵守群体惯例，符合团体的行为，对付外来的干预，严惩那些违背规矩的人。

3）发挥小团体主义（非正式团体）的积极作用

小团体主义（非正式团体）在功能上具有两面性，当正式团体的目标与小团体趋于一致的时候，小团体主义能够迅速接受，取得共同的意向，以完成组织任务。对于非正式团体的许多积极因素，要从实现组织目标的全局利益出发，充分发挥非正式团体的积极作用，采用多种方式加以利用，为实现组织的目标服务。

（1）承认现实，正视事实，正确对待

非正式团体的产生是一种必然的社会现象。人们总会发现志同道合、趣味一致的员工自愿聚在一起，形成一种超乎工作范围之外的密切关系，这是一种客观存在，是不以意志为转移的，是不能禁止的，也是无法禁止的。相反，应该承认这种现实，承认它的存在，进而了解组织内非正式团体构成的原因、背景、宗旨、目标、思想倾向、骨干人物、成员状况和活动方式等。发挥其积极作用，限制其消极作用。与此同时，在对待和处理非正式团体的问题时一定要有正确的态度和有效的方法。因势利导，根据其成员目标、需要、思想、感情、兴趣、爱好等，采取相宜的措施。对于不合理要求或越轨行为，要多用说服教育而不是行政命令的方式，进行妥善的处理和矫正。

（2）建立联系，疏通感情，培养信任

要想真正了解和掌握非正式团体的有关情况，利用和发挥其积极的作用，就必须主动接触非正式团体成员，参加他们的部分活动，与他们多交谈，以期加强相互沟通和了解。积极支持他们正当而有益的活动，疏通他们感情上的隔膜，扫除种种心理上的障碍，建立起相互之间的友谊和信任。

（3）适当限制，发挥作用，善于利用

利用非正式团体相互接触频繁、思想交流广泛、沟通渠道畅通的特点，来了解员工的心理动态、需求变化、对工作的态度和对领导的评价，以提高企业管理水平和预测决策能力，调动员工工作的积极性。

利用非正式团体成员之间心理协调、步调一致的特点，引导他们相互学习，共同提高业务能力，交给他们一些需要高度协作精神才能完成的任务，为实现企业目标作出贡献。

利用非正式团体成员之间关系融洽、相互依赖的特点，引导他们相互爱护，相互帮助，稳定职业思想，提高工作士气，关心成员的疾苦，解决成员的困难。

利用非正式团体的领导人物威望高、影响大、说话灵的特点，引导他号召成员配合组织工作，为实现企业目标作贡献。

4)限制小团体主义(非正式团体)的消极作用

但是，当组织目标与小团体利益不相一致的时候，小团体往往会形成一股强大的对抗力量，影响工作任务的正常与顺利进行。所以应该针对非正式团体的消极因素，在深入分析和研究其原因、背景、动机的基础上，积极采取有效的对策和预防措施，来影响和控制其成员可能发生的问题行为，设法限制和消除其消极作用，以减少或避免影响组织目标的实现。

当非正式团体成员的目标与组织的目标发生冲突，并有可能发生抵触情绪或采取对抗行为时，要申明大义，晓之以理，解除他们的不满，引导他们服从整体的利益。

当非正式团体传播小道消息甚至散布谣言时，要加强同他们的信息交流，告诉事实的真相，免得混淆视听，给组织工作造成危害。

此外，考虑到非正式团体有种种不利因素，在分配任务时，可按照工作的性质要求，灵活使用“分而治之”的策略，采取轮岗调换、隔离成员或单人操作的办法，这些也对限制这种消极因素有一定成效。

5.5.2 沟通障碍

所谓沟通，是指人与人之间或群体与群体之间传达思想和交流情报、信息的过程。著名组织管理学家巴纳德认为“沟通是把一个组织中的成员联系在一起，以实现共同目标的手段”。没有沟通，就没有管理。沟通不良几乎是组织中都存在的老毛病，组织中的机构越是复杂，其沟通越是困难。往往基层的许多建设性意见未及时反馈至高层决策者，便已被层层扼杀，而高层决策的传达，常常也无法以原貌展现在所有人员之前。

对旅游企业来说，沟通是非常重要的，它联结着企业的各个部门和员工，贯穿着企业每项活动的始终。企业对外可通过意见沟通获得有关外部环境各种变化的信息，对内可了解员工的需要、工作士气、各部门间的关系，改善本企业的人际关系等。

1)有效沟通的功用

沟通在管理中的作用是多方面的,其中突出的有以下3个方面:

①沟通有助于改进个人以及群体作出的决策。任何决策都会涉及干什么、怎么干、何时干等问题。每当遇到这些急需解决的问题,沟通为各个部门和人员进行决策提供了信息,增强了判断能力。

②沟通促使员工协调有效地工作。组织中各个部门和各个职务是相互依存的,依存性越大,对协调的需要越高,而协调只有通过沟通才能实现。没有适当的沟通,双方都可能出现错误的理解,使工作任务不能正确圆满地完成,导致在效益方面的损失。

③沟通有利于激励下属,建立良好的人际关系和组织氛围,提高员工的士气。除了技术性和协调性的信息外,员工还需要鼓励性的信息。人一般都会要求对自己的工作能力有一个恰当的评价。如果领导的表扬、认可或者满意能够通过各种渠道及时传递给员工,就会造成某种工作激励。同时内部良好的人际关系更离不开沟通。思想上和感情上的沟通可以增进彼此的了解,消除误解、隔阂和猜忌,即使不能达到完全理解,至少也可取得谅解,形成和谐的组织氛围。

2)有效沟通的障碍

(1)组织的沟通障碍

合理的组织结构模式有利于信息沟通。如果组织机构过于庞大,中间层次太多,那么信息从最高决策者传递到下面人员不仅容易产生信息的失真,而且还会浪费大量时间,影响信息的及时性。有学者曾经统计,如果一个信息在高层管理者那里的正确性是100%,到了信息的接受者手里可能只剩下20%的正确性。这是因为在进行这种信息沟通时,各级都会把接收到的信息进行甄别和过滤,然后有可能将断章取义的信息转达。在甄选过程中还掺杂了大量的主观因素,尤其是当发送的信息涉及传递者本身时,往往造成信息失真。因此,如果组织机构臃肿,机构设置不合理,相互之间职责不清,分工不明,或因人设事,人浮于事,就会给沟通双方造成一定的心理压力,影响沟通的进行。

(2)个人的沟通障碍

①语言修养不足所导致的障碍。词汇、语法,是构筑语言大厦的两个基石。词汇缺乏的表现有经常性的词不达意、语塞等,这是沟通不顺畅的一个基本原因。

②角色定位所导致的障碍。每个人在社会生活中都有一个特定的角色位置,不同角色位置上的人,其思想观念和行为方式也会有所不同。

③个性因素所引起的障碍。信息沟通在很大程度上受个人心理因素的制约。个体的性格、气质、态度、情绪等的差别，都会成为信息沟通的障碍。

④知识、经验水平和理解程度的差距所导致的障碍。在现实生活中，人们往往会凭经验办事。沟通的双方往往依据经验上的大体理解去处理信息，使彼此理解的差距拉大，形成沟通的障碍。

⑤知觉选择偏差所造成的障碍。人们总是习惯接收部分信息，而摒弃另一部分信息，致使一部分信息容易引人注意而为人接受，另一部分则被忽视。在接受或转述一个信息时，符合自己需要的、与自己有切身利害关系的，很容易听进去，而对自己不利的、有可能损害自身利益的，则不容易听进去。凡此种种都会导致信息歪曲，影响信息沟通的顺利进行。

⑥对信息的态度不同所造成的障碍。在团体中，不同的成员对信息有不同的看法，所选择的侧重点也不相同。很多员工只关心与他们的物质利益有关的信息，而忽视组织目标、管理决策等方面的信息，这也成了信息沟通的障碍。

⑦相互不信任所产生的障碍。有效的信息沟通要以相互信任为前提，在进行信息沟通时，应该不带成见地听取意见，鼓励充分阐明自己的见解，这样才能做到思想和感情上的真正沟通，才能接收到全面可靠的情报，才能作出明智的判断与决策。

⑧心理障碍也会造成沟通障碍。沟通的成败主要取决于相互之间的全面有效的合作。但在很多情况下，这些合作往往会因恐惧心理、缺乏同情心、形式主义以及沟通双方的个人心理品质而形成障碍。

(3)非正式沟通的传播

既然组织或群体中存有非正式群体，那么非正式沟通就普遍存在于组织的沟通之中，它是正式的沟通渠道的补充。在非正式系统中，信息通过小道消息的方式传播，而流言也大量滋生。小道消息有3个特点：首先，它不受管理层控制；其次，大多数员工认为它比在高级管理层通过正式沟通渠道解决问题更可信、更可靠；第三，它在很大程度上有利于人们的自身利益。在大型组织中保密性和竞争性是司空见惯的，对诸如新老板的任命、办公室的重组、工作任务的重新安排这些事件，都为小道消息的产生和延续创造了有利条件。如果小道消息背后人们的愿望和期待得不到满足，或焦虑得不到缓解，那么它会一直持续下去。非正式沟通主要的缺点是难以控制，传递的信息不确切，易于失真、曲解，而且可能影响人心稳定和团体的凝聚力。

3)进行有效沟通的注意事项

①沟通必须目的明确、思路清晰、注意表达方式。在交流之前，应考虑好将

要表达的意图，抓住中心思想。在沟通过程中要使用双方都理解的用语和示意动作，并恰当地运用语气和表达方式，措词不仅要清晰、明确，还要注意情感上的细微差别，力求准确，使对方能有效接收所传递的信息。沟通要以诚相待，建立沟通双方的信任和感情。一定要让对方听得进去、听得合理和听得乐意。

②沟通要选择有利的时机，采取适宜的方式。沟通效果不仅取决于信息的内容，还要受环境条件的制约。影响沟通的环境因素很多，如组织氛围、沟通双方的关系、社会风气和习惯做法等。在不同情况下要采取不同的沟通方式，要抓住最有利的沟通时机。此外，应对环境和事态变化非常敏感。

③沟通要增强信任度。双方是否信任，程度如何，对于改善沟通有很重要的作用。信息在社会中的传播是通过独特的“信任”和“不信任”的“过滤器”进行的。如果没有信任，完全真实的信息可能变成不可接受的，而不真实的信息倒可能变成可接受的。赢得信任，是有效沟通的基础。

④沟通要讲究“听”的艺术。在沟通过程中，应该主动听取意见，善于聆听，不仅要倾听，还要听懂意思。在听对方讲话时要专心致志，也不要打断对方讲话，急于评价，不要表现出不耐烦，这样会使对方不愿把沟通进行下去，同时要善解人意，体味对方的情感变化和言外之意，做到心领神会。

⑤沟通要讲究“说”的艺术。沟通不仅要会听，还得会说，会表达自己的意见。讲话不要使人产生反感和戒备心理。语调要婉转，态度也要从容不迫，适可而止，使沟通能在良好的氛围中进行。

⑥控制非正式沟通的消极影响。从管理的角度来说，要彻底消除小道消息是不可行的，但是，管理者可以使小道消息的范围和影响限定在一定区域内，并使其消极结果减少到最低。较好的方法有：公布进行重大决策的时间安排；公开解释看起来不一致或隐秘的决策和行为；强调目前决策和未来计划积极方面的同时，也指出其不利一面；公开讨论事情可能出现的最差结局。

5.5.3 特殊员工现象

在一个组织中总有一些特殊员工，有被称为“三朝元老”的创业员工，有被称为“鸟人”的麻烦员工，有“恃才傲物”的人才员工，也有“裙带关系”的另类员工。这些员工，通常是严重偏离大众行为标准的人，是与自己行为标准偏差较大的人。人们对此类人的态度通常表现为心理上的抵触和行为上的排斥，导致摩擦不断，严重影响企业工作质量和工作效率。面对这些特殊员工的特殊管理，处理不好会给工作造成许多负面影响，降低效率，影响士气，甚至会让一些人才退出组织。

对于这些特殊的员工,应该分别对待,主要可以考虑以下方法:

1)制度管理

当面对员工与特殊员工之间错综复杂的关系甚至是矛盾时,关键在于建立用人机制,使用规范化、机制化、职业化的用人手段,建立制度管理体系。没有一套好的用人机制,或者根本没有机制,势必造成相互之间关系的紧张和矛盾的加剧,整天吵吵闹闹,组织无法正常运转。

首先,必须有统一的文化理念,用统一的理念来凝聚人心。这就像西游记中的唐僧师徒,应该说个个都是与众不同的特殊分子,而“西天求取真经”则是大家共同认可的理念。管理特殊员工,首先是宣传教育在先,最好是在制订约束偏离行为的时候,邀请共同参与,他们参与的过程就是宣传动员贯彻教育的过程。

其次,要有统一的行为识别。特殊人员的行为规范往往比较容易偏离大众的行为规范,而且他们可能都是性格迥异有一定特长和才能的人,往往都是过高评价自己的特长,而忽视自己的缺点不足的人。制度一经颁布,他们要是犯忌则要与普通员工同罚,不能因为特殊的性格、特长、能力和情况而迁就。如果企业纵容了一次,其他人肯定不服,大家有可能比着违反各种制度,普通的老实员工也会违反制度,结果肯定是混乱无序。

第三,要有淘汰机制。对于屡次犯忌和故意犯忌的特殊人员应当引起警惕,区分是向制度的挑战,还是另有隐情。如果是制度不好就改变制度,如果是另有隐情,那么就应具体对待。针对种种不道德的行为来制订相应的淘汰措施。这样做的重点不在教育,而在纯洁队伍。

2)工作沟通

对于这些特殊的员工,有时候组织里有些任务还真的只有他们能够顺利完成,少了他们有时候还真的不行,所以发挥他们的特长,尽量安排能发挥其性格、特长、能力的岗位。同时还要注意创造条件让员工们之间多沟通了解。如果不沟通不了解,就总会认为自己的贡献最大,自己最重要,而另外的人可有可无,比不上自己,不值一提。

加强沟通的办法有:一是必须明白每一岗位都辛苦不易,万不可偏袒某一方;二是公开场合倡导每个工种、岗位和人员的特殊作用,否则就不用设岗了;三是当有人诉说自己辛苦和状告其他职位轻松时,除了肯定其工作的辛苦外还要明确告知其实谁都不容易;四是必要时公开派活儿,让大家都清楚、明确地知道别人在做什么,并强调这些岗位之间的关联性,以及大家配合的重要性;五是组织公开观摩活动，尤其把那些不容易展现出来让人们理解的岗位工作尽可能地给大家展示出来，争取大家的了解和理解，让所有的人都明白大家其实是一个整体，让所有人明白团体意识的重要性。

3）情感交流

对于特殊员工，只要有才，不妨在小节上宽容一些，要有大度能容天下之人的气魄。一个人的优点与缺点往往是相互联系的，就像一对孪生兄弟，有所长必有所短。恃才的能人，一般都是大事不糊涂而在小事上可能有这样那样的缺点，甚至是“两头冒尖”的人。选用人才，一般都是用有缺点的能人。如果求全责备，可能会埋没了人才，扼杀人才。

对特殊员工来说，情感的沟通是填平管理者与被管理者心灵鸿沟的有效工具。在优秀的组织文化氛围中，积极的情感交流会拉近彼此的心灵距离，也是减少内耗、理顺人际关系的“润滑剂”，在这种情感润滑下，那些倚老卖老者、恃才傲物者、麻烦制造者和裙带关系者都会丢盔卸甲。

情感交流应创造一种沟通无限的工作氛围。在组织中营造一种自由开放、分享信息、人人平等的氛围，除正式、制度化的交流途径之外，鼓励各种自发、非正式的交流沟通渠道，减少员工之间、部门之间的误解和隔阂，形成一种积极而和谐的人际关系，增强凝聚力和创新能力。

5.5.4 员工职业发展规划

员工是组织中最宝贵的资源，员工素质的高低直接决定组织竞争力的强弱。现在旅游行业的准入门槛比较低，可进入性很强，但是其稳定性很差。很多员工在看不到希望和发展前途的时候选择离开，像酒店、宾馆等单位的情况更是严重，流失率居高不下。因此，要留住组织的人才，稳固员工队伍，必然要求注重员工的职业发展需求。依据马斯洛的需要层次理论，职业发展属于满足人的自我实现需要的范畴，是人的最高层次的需要。职业发展有了规划，会对员工产生更大的激励作用。

制订员工职业生涯发展规划，把员工职业发展纳入组织人力资源管理之中，让符合组织价值理念的员工得到长足发展；为员工营造良好的职业发展环境，帮助员工从实际出发，在自身的职业生涯中为组织创造绩效和实现自身价值；成立组织了解员工的发展愿望，同时让员工明白组织发展要求，建立员工和组织相互促进、相互发展的互动机制和伙伴关系。

1)员工职业生涯发展阶段

员工职业生涯发展可划分为4个阶段,即4个年龄段。

第一个年龄段:20~30岁,走好职业生涯的第一步。这一阶段的主要特征,是从学校走上工作岗位,是人生事业发展的起点。如何起步,直接关系到今后的成败。这一阶段的主要任务之一,就是选择职业。在充分作好自我分析和内外环境分析的基础上,选择适合自己的职业,设定人生目标,制订人生计划。再一个任务就是要树立自己良好的形象。年轻人步入职业世界,表现如何,对未来的发展影响极大。

第二个年龄段:30~40岁,不可忽视修订目标。这个时期是一个人风华正茂时,是充分展现自己才能、获得晋升、事业得到迅速发展之时。此时,除发奋努力、展示才能、拓展事业以外,对很多人来说还有一个调整职业、修订目标的任务。人到30多岁,应当对自己、对环境有了更清楚的了解。看一看自己选择的职业、所选择的生涯路线、所确定的人生目标是否符合现实,如有出入,应尽快调整。

第三个年龄段:40~50岁,及时充电。这一阶段是人生的收获季节,也是事业上获得成功的人大显身手的时期。到了这个年龄段仍一无所得、事业无成的人,应深刻反省一下"原因何在"。此阶段的另一任务是继续"充电",如不及时充电,将难以满足工作需要,甚至影响事业的发展。

第四个年龄段:50~60岁,做好晚年生涯规划。此阶段是人生的转折期,无论是在事业上继续发展,还是准备退休,都面临转折问题。

2)员工职业生涯发展方向

①员工横向发展。根据组织发展和员工自身的愿望,组织有计划地安排员工进行轮岗、轮职。员工根据自身的实际情况,在组织计划范围内取得相应的上岗资格后,可以通过竞岗、竞聘,重新选择较适合自身发展的工作岗位。通过员工在公司内部横向发展,使岗位要求与员工的个性能力更好地结合,从而更加优化人力资源配置,提高工作效率和员工的工作积极性。

②员工纵向发展。根据组织发展和员工自身的愿望,组织有计划地为员工提供升迁渠道。员工职业升迁包括专业技术升迁和职务升迁。员工符合条件,可以通过竞岗、竞聘,在组织内部纵向发展。组织可以根据开拓发展需要对列入后备人才库的员工进行直接选拔,或对才能绩效突出的员工越级晋升。

3)员工职业生涯发展措施

①健全和完善激励机制。鼓励员工立足岗位多创绩效,创新发展提高能力。

根据组织经营发展的实际情况，制订和完善新的激励措施办法，鼓励员工自我发展，自我提高。

②建立人才资料库。根据经营发展的实际情况，在对员工进行全面考核评价的基础上，结合员工发展方向建立人才库，对人才进行分类培养、管理、考核、测评，保持各类人才适量储备，保证组织经营管理顺利发展。

③强化对员工的培训。培训是员工发展的主要途径和措施。通过为员工提供针对性的培训，开发员工的潜能，搭建个性化的发展空间，提高员工的业务技能，更新员工的知识观念，帮助和促进员工不断发展、提高，使其能力不断和组织发展的要求相符合。一般可以采用的形式主要有入职培训、在职培训、轮岗培训、学历教育、职业资格培训、国外深造、个性化培训和综合培训等。

本章小结

本章就旅游企业的领导者心理、员工激励、员工情感和情绪、人际关系及常见问题的解决与管理等问题进行了介绍和探讨。让学生知晓领导者的角色与权力，了解不同的领导风格与艺术，明白相应的激励理论与机制，掌握正确情感与情绪问题的控制方法，学会保持良好的人际关系，同时能够解决一些在管理中常见的相关问题。

复习思考题

1. 领导者的权力如何构成？怎样合理使用权力？
2. 在我国，旅游企业的领导者应具备什么素质？如何培养？
3. 什么是领导者的艺术？成功的领导者应掌握哪些领导艺术？
4. 激励理论有哪些？你最倾向于哪一种理论？
5. 激励的方法有哪些？哪种方法最能激励你？
6. 什么是应激？作为一名旅游从业者，我们应如何培养自己的应激能力？
7. 如何控制自己的不良情绪？
8. 企业员工常见的心理问题有哪些？企业应采取哪些措施？
9. 思考与练习

下面摘录的是麦克阿瑟将军关于爱子亚瑟的一段祈祷词，请你从中总结心理健康的一些要点。

……教导我儿子在软弱时能够坚强不屈，在惧怕时能够勇谦自持，在诚实的失败中毫不气馁,在光明的胜利中仍能保持谦逊温和。

教导我儿子笃实力行而不从事空想;使他认识你——同时也认识他自己,这才是一切知识的开端。

我祈求你,不要将他引上逸乐之途,而将他置于困难及挑战的磨炼与刺激之下,使他学着在风暴中站立起来,而又由此学会同情那些跌倒的人。

求你让他有一颗纯洁的心,有一个高尚的目标,在学习指挥别人之前,先学会自制;在迈向未来之时,而不遗忘过去。

在他有了这些美德之后,我还要祈求你赐给他充分的幽默感,以免他过分严肃;赐给他谦虚,才能使他永远记着真正的伟大是单纯,真正的智慧是坦率,真正的力量是温和。

然后,作为父亲的我才最轻声地说:我总算这辈子没有白活。

……

实训题

游戏——培育团队精神

第一个游戏　拥挤的公交车

目标:使学员互助合作达成共识,完成集体活动。

概要:用胶带把三张报纸连成圆纸筒,比赛人员进入圆纸筒内跑到目标再折回的接力赛。

方法:1. 全员分成数队。

2. 根据号令几个队员跑进纸筒内(人数不限)。

3. 跑到目标再折回,把纸筒交给下一组。

4. 如果报纸破裂,纸箱内的人要当场用胶带修理好。

5. 全员最快完成的一组获胜。

讨论:1. 怎么样才能协调动作?

2. 当别人不合拍的时候,你应该怎么办?

3. 想一想自己是否不经意就给别人造成压力?

4. 接下来我们应该怎么做,才能达到我们的目标?

第二个游戏　趣味跳绳

目标:使学员互助合作达成共识,完成低难度活动。

教具:粗棉绳一条。

规则:请两个人各握住绳子的一端,其他人要一起跳过绳子,所有人都跳过算一下,数一数整个团队总共能跳多少下。

变化:1. 可考虑不同的跳绳方式,如每个学员依序进入。

2. 可用两条绳子,或变换用绳方向。

讨论:1. 当有人被绊倒时,各位当时发出的第一个声音是什么?

2. 发出声音的人是刻意指责别人吗?

3. 想一想自己是否不经意就给别人造成压力?

4. 接下来我们应该怎么做,刚才的感觉才不会发生?

注意:1. 提醒膝盖或脚部有伤者,视情况决定是否参与。

2. 场地宜选择户外草地进行,以免受伤。

3. 合组跳绳时应当注意伙伴的位置及距离,以免踏伤伙伴或互相碰撞。

第三个游戏　联体足球

目的:使搭档之间以及团队各个成员之间协同工作。活跃团队气氛。消除害羞和忸怩感。

时间:20 分钟。

人数:不限。

道具:1. 每对搭档用一段绳子或类似物件(用来绑两人的脚踝)。

2. 两段绳子或类似物件(用来捆绑一对搭档的腰)。

3. 运动场(足球场或类似的场地)。

4. 一个足球(或类似物件)。

5. 一个口哨。

步骤:1. 把整个团队分为人数相等的两组。如果总人数是奇数,让其中一人做你的助手。

2. 让队员们选择和自己身材相当的人,组内结对。

3. 让搭档们把各自的脚踝绑在一起。

4. 每组选一对搭档,背靠背站立,并把他俩的腰捆在一起,作为各队的守门员。

5. 解释规则。两队开展足球比赛,分上下半场,每个半场 15 分钟,半场结束时两队交换场地。比赛中队员们必须一直绑着脚踝,用三条腿踢球,按足球规则进行比赛(如果你不清楚,可以问队友或自己制定规则)。

6. 对队员的疑问给以充分的解答,然后吹口哨,游戏开始。

安全:让不想参加游戏的人做边线裁判。游戏开始之前,鼓励队员们捆绑脚踝后,练习跑动。

变通:下半场比赛时,把3个队员的腿踝捆绑在一起。可以让搭档中的一人蒙上眼罩。

讨论:1. 哪个队赢得了比赛?

2. 游戏中你们遇到了什么问题?

3. 搭档们是如何协调工作的?

4. 什么因素有助于团队更加有效地运作?

第四个游戏　呼啦圈

目的:培养整体观念。

时间:30分钟。

人数:不限,人数较多时,需要将队员划分成若干个由12~16个人组成的小组。

道具:(每个小组)2个大呼啦圈(尽可能用直径最大的呼啦圈),1个秒表,1个哨子。

步骤:1. 把队员们分成若干个由12~16个人组成的小组。

2. 让每个小组都手拉手、面向圆心围成一圈。

3. 等每个小组都站好圆圈、拉好手之后,任意选一个小组,让其中两个队员松开拉在一起的手,把两个呼啦圈套在其中一个队员的胳膊上,让这两个队员重新拉起手。对其他小组作同样处理。

4. 现在,让各个小组沿相反方向传递两个呼啦圈。为了把呼啦圈传过去,每个队员都需要从呼啦圈中钻过去。两个呼啦圈重新回到起点后,本轮游戏结束。

5. 吹哨开始游戏,同时开始用秒表计时。

6. 第一轮游戏结束后,祝贺大家成功完成任务,并通报各小组完成任务所用的时间。重新开始一轮游戏,并告诉队员们这次要求大家能更快一些。反复进行4~5次呼啦圈传递,确保队员们知道他们需要一次比一次快。

安全:如果有人身体的柔韧性较差,不适合参加这个游戏,那么可以让这些人来计时,或是充当监护员。如果你在游戏中使用了监护员,要让监护员尽量跟着呼啦圈移动,这样当钻圈的人不小心被绊倒的话,他们可以及时保护和搀扶。

讨论:1. 在游戏过程中碰到了什么问题?

2. 怎样分析问题的?

3. 游戏过程中有无领导者或指挥者产生?

4. 哪些因素有助于成功完成游戏?

5. 哪些因素导致完成任务变得更加困难?

案例分析

如何培养忠诚的员工

在"国际人力资源论坛"上,有一位CEO对中国的人力资源管理现状表示担忧。他说,在国外企业人力资源管理的重点是怎样留住人才,而中国的企业太不重视对员工的培训和培养,在留住员工方面的投入十分不足。这必然导致人才对企业缺乏忠诚感。近年来,酒店行业成为员工流动最频繁的行业之一。酒店员工队伍的不稳定,人才流失严重是酒店管理人员所面临的一个非常棘手的问题。有的酒店甚至流失率达到了50%左右。

员工的流失一般有以下几种情况:一是高星级酒店流动率高于低星级酒店;二是大专以上高学历员工流动率大大高于低学历的普通员工;三是一线熟练员工(比如客房、餐饮和前厅等部门的员工)流动率较高;四是以在酒店工作2~3年后的员工流动居多。

员工是一个酒店最重要的财富,是酒店倾注了大量的人力和物力培养成酒店的合格工作人员与管理人员。如果酒店流失的是管理人员,则意味着酒店管理技术的扩散,直接导致酒店经营管理水平的下降;如果酒店流失的是优秀员工,则不可避免地要影响到整个酒店的服务质量。

酒店只有解决这个问题,拥有一支稳定的、忠诚于本企业的员工队伍,才能在激烈的竞争中立于不败之地。

点评:酒店能否拥有一批技术娴熟、业务水平高的员工队伍,能否为顾客提供优质、高效的服务,不仅影响到企业的声誉和经济收益,还直接关系到整个企业的生死存亡。对于酒店来说,优秀的、忠诚的员工是最宝贵的资产。那么,酒店应该怎样来吸引并留住优秀的员工,培养出一支忠诚于本企业的员工队伍呢?酒店管理人员应该从以下几个方面着手来解决这个问题:

做好招聘与甄选工作。酒店在招聘时应该特别重视应聘人员的服务意识、服务态度和敬业精神,选聘能够不断地学习,不断地提高服务质量和工作效率,并愿意在本企业长期工作的员工。

加强员工培训和培育工作。培训员工的专业技能,关心员工的职业发展。酒店应在对员工进行业务技能培训的同时,重视对员工某种专业技能的培训,使其成为某类技术的骨干或能手,并对获得相关资质或等级的员工给予一定的待遇,这样使酒店员工的综合素质和服务水准得到提升。

建立一个公平、公正的绩效评估体系和选拔任免制度是培养忠诚员工的关键。酒店应该坚持公正性原则,做好业绩考核,提高员工的信任感和满意程度以及对企业的忠诚度。酒店应努力建立一个公平公正的绩效评估体系,做到每个员工在考核过程中计划均等、条件相同、时间一致,判定考核结果和运用考核结果时也一视同仁,使其看到自己的职业前景,并通过实行举贤选能、双向选择和竞争上岗等制度和措施来达到优秀员工的优化配置,以稳定优秀员工。

有效的激励是培养忠诚员工的重要手段。知识经济时代,酒店应该改变传统的薪酬制度而采用个性化薪酬制度。根据员工的能力和业绩,确定员工的薪酬,并允许员工选择他们需要的报酬形式,以便充分调动员工的工作积极性,吸引并留住优秀员工,培养忠诚的员工。

推行转岗、轮岗制度。通过实行岗位交叉培训,在酒店内推行转岗、轮岗可极大地提高员工的部门协调能力与沟通能力,有利于相互配合与相互理解,提高工作效率,也避免了员工对单调的岗位生活的厌烦,提高员工工作新意和积极性,稳定员工队伍。

正确处理管理者与员工之间的关系,情感留人。从酒店的经营理念考虑,坚持顾客第一是没有错的,但是从酒店管理的角度看,应重视员工,"有了快乐的员工,才会有快乐的顾客"。酒店管理者应当充分重视员工的利益,关心员工的生活,支持员工的工作,尊重员工的人格,注重与员工的平等沟通。

离职面谈是培养忠诚员工的延伸。企业做得再好也会有员工离开本企业去别的企业或别的行业。管理人员应该选择适当的时机,与即将离职的或已经离职的员工进行离职面谈。与即将离职的员工进行离职面谈有时可以挽回即将离职的员工;与已经离职的员工进行离职面谈,得到的信息往往比较客观、比较现实,有利于企业政策、管理制度等方面的改进和提高,更有效地做好员工工作,培育忠诚的员工。

CANKAO WENXIAN 参考文献

[1] 张梅. 旅游心理学[M]. 天津:南开大学出版社,2005.

[2] 荣晓华,孙喜林. 消费心理学[M]. 大连:东北财经大学出版社,2004.

[3] 马莹. 旅游心理学[M]. 北京:中国轻工业出版社,2002.

[4] 陈琦. 旅游心理学[M]. 北京:北京大学出版社,2006.

[5] 欧晓霞. 旅游心理学[M]. 北京:对外经济贸易大学出版社,2006.

[6] 崔丽娟. 心理学是什么[M]. 北京:北京大学出版社,2007.

[7] 甘朝有. 旅游心理学[M]. 2 版. 天津:南开大学出版社,2000.

[8] 皮连生. 教育心理学[M]. 3 版. 上海:上海教育出版社,2004.

[9] 吕勤,郝春东. 旅游心理学[M]. 广州:广东经济出版社,2000.

[10] 陈筱. 旅游心理学[M]. 武汉:武汉大学出版社,2003.

[11] 孟昭兰. 普通心理学[M]. 北京:北京大学出版社,1994.

[12] 屠如骥,赵普光,叶伯平,等. 现代旅游心理学[M]. 2 版. 青岛:青岛出版社,2000.

[13] 张树夫. 旅游心理学[M]. 2 版. 北京:高等教育出版社,2001.

[14] 朱永新,管理心理学[M]. 2 版. 北京:高等教育出版社,2006.

[15] 丁茂生. 管理心理学[M]. 2 版. 合肥:中国科学技术大学出版社,2004.

[16] 全国十二所重点师范大学联合编写. 心理学基础[M]. 北京:教育科学出版社,2002.

[17] 谢玉峰. 旅游饭店前厅客房服务与管理[M]. 郑州:郑州大学出版社,2004.

[18] 曹希波.新编现代酒店(饭店)管理实务大全[M].北京:企业管理出版社,2006.
[19] 王雁.普通心理学[M].北京:人民教育出版社,2002.
[20] 孙彤.组织行为学[M].北京:高等教育出版社,2000.
[21] 雷国营,韦燕生.旅游服务心理[M].天津:天津大学出版社,2011.
[22] 吴清津.旅游消费者行为学[M].北京:旅游教育出版社,2006.